_____ 님께

평온함과 행복이 깃들기를 바랍니다.

_____ 드림

오늘을 위한 인도의 지혜

Essential Wisdom of the Bhagavad Gita
Ancient Truths for Our Modern World

바가바드기타

지은이 _ 잭 홀리 Jack Hawley

일 년의 절반 이상을 '기타'의 가치가 생생히 살아있는 남인도의 한 아쉬람(수행처)에서 공부와 강의를 하고 있다. 인도에 있지 않을 때 그는 오래된 그러나 아직도 살아있는 인도의 지혜들을 서양의 지도자들과 조직체들에게 전해주고 있다. 그가 지은 다른 책들에는 《서양인을 위한 바가바드 기타The Bhagavad Gita: A Walkthrough for Westerners》와 베스트셀러에 오른 《일에서 정신을 각성시키기Reawakening the Spirit in Work》 그리고 《자아실현의 안내도Roadmaps to Self-Realization》가 있다.

옮긴이 _ 이지수

동국대학교 인도철학과에서 학사와 석사학위를 수여받았으며, 인도의 뿌나대학교의 대학원에서 철학과와 범어과에서 범어 원전들을 공부하였다. 우리나라 인도학의 개척자로 평가받고 있는 그는 진주국립경상대학교의 철학과에 재직하였고, 현재는 동국대학교의 인도철학과의 교수로 있으면서 후학 양성에 힘을 쏟고 있다.
범어 원전 해석과 관련된 다양한 논문을 발표해 왔으며, 《인도에 대하여: 한 권에 담은 인도의 모든 것》, 《산스끄리드의 기초와 실천》, 《히또빠데샤: 인도의 지혜》와 같은 저서와 역서가 있다.

Essential Wisdom of the BHAGAVAD GITA

Copyright ⓒ 2006 by Jack Hawley

Korean Translation Copyright ⓒ 2007 by ITC Co

All Rights Reserved.

The Korean language edition published by arrangement with
New World Library, Novato through Agency-One, Seoul.

이 책의 한국어판 저작권은 에이전시 원을 통해 저자와의 독점 계약으로
도서출판 ITC에 있습니다. 저작권법에 의해 한국 내에서 보호를 받는 저작물이므로
무단전제와 무단복제를 금합니다.

Essential Wisdom of the Bhagavad Gita
Ancient Truths for Our Modern World

오늘을 위한 인도의 지혜

바가바드기타

잭 홀리 지음 | 이지수 옮김

 차 례

들어가는 글 • 7
저자의 글 • 9
역자의 글 • 20

1장 자아의 발견 _ 나는 누구인가?

서 곡 • 31
참다운 자신, 아뜨만 • 34
아뜨만이란 • 37
모든 것에서 아뜨만을 찾다 • 40

2장 삶의 의미 _ 나는 왜 여기 있는가?

서 곡 • 45
행동하라 • 49
내면의 진리, 다르마 • 52
수천 명 가운데 오직 한 사람 • 55
신과의 융합 • 57
자족의 참된 의미 • 59

신에 대한 이해
_많은 사람들이 'God'이라고 부르는 신은 누구이며, 무엇인가?

서 곡 • 63

범인에서 신을 보다 • 66

크리슈나의 신적 선언 • 68

지고의 신 • 71

신의 본성 • 73

최고의 자아, 뿌루쇼따마 • 79

아르주나의 외경 • 81

창조된 모든 것에서 신을 보다 • 83

신에 이르는 길 _ 신과 나의 관계는 무엇인가?

서 곡 • 87

소아에서 신에게로 • 90

네 가지 유형의 탐색자 • 92

세 가지의 요가 • 95

언제나 사랑하라 • 98

공경의 마음으로 살다 • 101

신에게로의 귀의 • 103

높은 복종 • 105

영적인 삶
5장
_영적인 삶은 가능한 것인가? 그렇다면 어떻게 가능한가?

서 곡 • 109

깨어 있어라 • 112

이기심 없는 행동 • 114

희생의 법칙 • 117

쾌락과 고통에서 벗어나라 • 121

명상 • 124

생과 사의 순환 • 127

덕을 수양하라 • 129

지혜의 눈 • 132

분리의 망상 • 134

세 갈래의 길 • 136

어떻게 죽을 것인가 • 138

행복 • 140

퇴락으로부터 벗어나라 • 143

내적 진리를 따르라 • 146

참다운 행위 주체 • 148

들어가는 글
이 책으로부터 최선의 것을 얻는 방법

- 이 책의 목적은 지적 이해를 넘어 여러분의 의식을 재형성하도록 돕는 것입니다.

- 정보를 얻기 위해서가 아니라 분위기, 정신적 전파, 느낌 그리고 울림을 위해 책을 읽으십시오. 가슴을 통해 그것을 얻으십시오. 명상과 함께 독서하기를 권해드립니다.

- 읽으면서 마음가짐을 되새겨 보십시오. 그리고 아주 먼 곳으로 여겨질지라도 내면의 고요한 곳에 들어가기 위해서는 조금씩 고양되는 깨달음을 이용하십시오.

- 다소 과장된 감정을 가지고 서두르면서 읽지 마십시오. '기타'에서 배우려 하지 말고 가르침들로 가득 찬 의식, 그 자체가 되십시오.

- '기타'의 가르침 속에 두드러진 사랑의 원리는 의도적인 것임을 자각하십시오. 사랑은 단지 정서가 아니라, 인도하고 가르치고 구제하며, 움직일 수 없는 것을 움직이고, 인간의 삶을 변화시키는 진정한 힘임을 느끼십시오.

- 많은 가르침들은 실로 미묘해서 불분명하거나 모순되게 보일지 모릅니다. 그러나 이러한 것들로 인해 멈추어서는 안 됩니다.

- 이들 가르침에 기뻐하고, 적어도 당장은 받아들이십시오. 만일 그렇게 하는 것이 어렵다면 마치 이미 이해하고 있는 것처럼 행동하는 'acting as if' 기법을 사용하여 가르침에 복종하십시오. 그러면 그 메시지들은 여러분의 가슴과 의식 속으로 들어가는 길을 찾을 것입니다. 이 방법이 얼마나 효과적인지 분명 놀랄 것입니다.

저자의 글

고통을 넘어서 자아실현으로

이 작은 책은 내가 전에 쓴 책인 《서양인을 위한 바가바드 기타The Bhagavard Gita: A Walkthrough for Westerners》로부터 가장 적절하면서도 중요한 가르침을 선정하여 재구성한 것입니다.

아직 그 책을 읽어보지 못한 사람에겐 이 책이 '바가바드 기타'에 대한 좋은 입문서가 될 것입니다. 그리고 이미 읽어본 사람들은 특별한 방식으로 재구성된 이 작은 책에서 '바가바드 기타'의 핵심을 이해하면서 즐기기를 희망합니다.

이 책은 단 한 번 읽고 이해하기에는 너무 다층적인 영적 원리들을 표현하고 있습니다. 그러므로 나는 여러분이 이 책을 거듭하여 읽을 것을 권해드립니다.

때로는 경전이라는 이름으로 불리긴 하지만 '기타'는 종교적인 교리가 아닙니다. 그것은 서사시이며 크리슈나Krishna가 우리에게 들려주는 사랑의 노래입니다. 크리슈나는 많은 사람들이 'God(신)'이라고 부르는 지고지순한 우주적 영혼, 즉 신 자체가 때에 맞추어 인간의 몸으로 육화한 존재입니다.

각각 선과 악을 대표하는 두 군대의 전면전이 막 시작되려는 탁 트인 들판, 그 들판 한 가운데에서 전차에 올라타 있는 외로운 두 인물을 상상해보십시오. 한 사람은 당시 가장 위대한 영웅인 아르주나Arjuna 왕자이고 그리고 다른 한 사람은 아르주나의 전차 몰이꾼이자 소년 시절부터 왕자의 가장 좋은 친구이며, 아직은 그 자신이 육화한 신임을 드러내지 않고 있는 크리슈나입니다.

아르주나 왕자는 자신이 직면한 부담과 압력에 갑자기 의기소침해집니다. 그의 눈엔 눈물이 고이면서 "내가 왜 이런 전쟁을 하고 있습니까, 크리슈나여?"라고 묻습니다. "삶은 너무 잔인하고 가혹합니다. 나는 정말 싸울 수 없소. 제발, 제발 내가 이해할 수 있도록 도와주십시오." 삶의 의미를 묻는 친구의 눈물어린 청원에 대한 크리슈나의 20여분 간의 답변이 '기타'의 초시간적 다이얼로그를 이루고 있습니다.

이 책 속에서 나는 영적 추구자들이 오랫동안 씨름해왔던 다섯 가지 큰 문제들에 고무 받아 다섯 개 장의 제목으로 '기타'의 메시지를 재구성하였습니다.

- 나는 누구인가?
- 나는 왜 여기 있는가?
- 많은 사람들이 'God'이라고 부르는 신은 누구이며, 무엇인가?
- 신과 나의 관계는 무엇인가?
- 영적인 삶은 가능한 것인가? 그렇다면 어떻게 가능한가?

각 장은 그 장을 이해하는 데 핵심이 되는 '기타'로부터 뽑은 문구로 시작되며, 이어 그 장의 서곡이 뒤따릅니다. 서곡에서는 그 장에 녹아있는 가르침을 소개하고, 적절한 해석과 사상을 제시하고, 그 나머지는 '기타'로부터 취한 가르침으로 이루어져 있습니다.

이 책을 통해 듣게 될 목소리는 각 장 서곡에서의 일부를 제외한 대부분이 신적 인물인 크리슈나의 목소리임을 유념해주십시오. 그러나 비록 이 책에서의 말들이 본질적으로 크리슈나의 말씀이지만 선택과 조합 그리고 일부 경우에 바꾸어 표현한 것들은 나의 책임입니다. 가르침으로부터 배우고 즐기십시오. 그리고 빠진 것이 있다면 그 책임은 나에게 있습니다.

또한 '기타'의 가르침에 있어 외견상의 반복은 의도적인 것임을 유념하십시오. 많은 사상들이 매우 심오하고 강력한 것이거나 혹은 텍스트 속의 다른 사상들과 연관되어 있습니다. 마치 자녀에게 교훈을 반복하는 어머니와 같이 크리슈나는 일부 진리들을 다양한 맥락 속에서 표현하고 대비시키기 위해 거듭 말씀하고 있습니다. '기타'의 가르침을 제대로 반영하기 위해 그러한 반복 가운데 몇 가지를 이 책에서도 따르고 있습니다.

일부 경우엔 유사한 사상들 사이에 미세한 변형이 너무나 미묘하여 같은 말을 반복하는 것처럼 보일 수 있습니다. 그러나 거듭 읽고 숙고해보면 그 차이들이 드러나게 됩니다.

우리 각자의 내면에 잠재된 신성神性은 개인적인 믿음에 상관없이 '기타'가 불러주는 천상의 노래를 들을 수 있습니다. 실로 이 고대의 영적 가르침은 이제 보편적 가치이며, 어떤 규정된 신조信條에 의해 제한될 수 없습니다.

땅 속을 투과하면서 천천히 걸러져 신선하고 깨끗하게 되어 솟아오르는 물처럼, 중요한 사상들 또한 시간의 모래를 투과해 내려가면서 정화되어 오랜 세월 후에 마침내 순백의 진리로 모습을 드러냅니다. '기타'는 청정한 진리의 진정한 원천입니다.

'기타'는 세상의 번민과 집착들 너머로 높이 날아오름에 관한 책입니다. '기타'는 진실로 영적인 삶을 향해, 여러분의 가슴 속에 머물고 있는 신성을 향해 나아가기 위한 입문서입니다. 그것은 그것이 말하고 있는 다섯 가지 큰 문제들에 대해 결정적인 해답을 제공하지 않습니다. '기타'는 도그마dogma나 닫혀진 것이 아닙니다. '기타'는 시작입니다. '기타'의 성격은 독자들이 자신의 영적 스토리를 채워 넣고 앞으로 나아가도록 돕는 것입니다.

나에게 가장 경이로운 점은 '기타'와 현대와의 연관성입니다. 비록 '기타'의 가르침은 멀리 떨어진 어느 땅에서 오래 전에 불린 노래이지만 마음의 평화를 상실한 사람들에 대한 '기타'의 솔직한 가르침은 영적으로 메마른 현대인들에게 쉽게 적용될 수 있습니다. 크리슈나는 말합니다.

> "오늘날 사람들은 만족을 모르는 욕망에 내몰림으로써 음모와 분노에 사로잡혀 있습니다. 사람들은 부와 재물을 쫓으며 삶을 허비합니다. 숨이 막힐 때까지 자만과 기만으로 채워지고 자신의 부유함과 자산에 취하여 사람들은 오만과 잔인함이라는 어둠의 세력에 자신을 맡겨 왔습니다. 그리하여 그들은 낙담 속으로 더욱 깊이 가라앉고 있습니다."
>
> 《바가바드 기타》 16장, 4–16에서

21세기를 사는 많은 사람들이 실로 공허감과 패배감 속으로 계속 가라앉고 있습니다. 우리는 그로부터 벗어날 길을 알 수 없습니다. 우리는 실망감과 무기력감을 느끼며, 우리가 상실했다고 생각하는 것을 간절히 그리워하고 있습니다. 우리는 자아 빈곤감에 사로잡혀 있습니다.

우리는 이런 괴로움에서 벗어나고자 일하고, 먹고, 마시고, 마약복용이나 새로운 관계, 혹은 새로운 교리와 모임을 찾아 나서는 등 수많은 그릇된 방법을 택합니다. 문제는 우리가 파고 있는 이러한 동굴들이 우리가 갇혀 있는 무서운 감옥의 벽 너머로 인도하지 못한다는 것입니다. 감옥에서 벗어나는 대신 새로운 독방 속으로 파고들 뿐입니다.

그래서 물어야 할 질문은 '어떻게?' 입니다. 실제로 어떻게 우리 자신의 마음을 변화시키고, 만족을 재발견할 수 있을까? 도대체 어떻게 우리는 의식의 극한적 변이를 꿈꾸고 실제로 성취할 수 있을까?

'기타'에 따르면 그 대답은 여러분의 삶을 보다 종교적이 아니라 보다 영적으로 변화시켜야만 가능하다는 것입니다. 이미 5~6천 년 전에 '기타'가 인류에게 주어진 유일한 이유는 사람들이 이 엄청난 전환을 이루도록 돕는 것입니다.

외적 세계를 끊임없이 재배열하려는 대신 내면으로, 정신으로, 즉 내면 깊은 곳에 위치한 자아의 진리로 향할 필요가 있습니다. 그 결과, 친절과 사랑 그리고 관용의 심성으로 바뀔 것입니다.

이것은 단지 세속적 행복이 아니라 있는 그대로에 대한 완전한 만족의 체험과 그에 따른 우주적 희열입니다. 이것은 숭고한 고요와 전체적 받아들임 그리고 무심판(무판단)의 순간이며, 우리가 해야 할 것을 정확히 바른 장소에서 하고 있음을 아는 경이로운 순간입니다.

《바가바드 기타》가 특별히 호소력을 지니고 있는 이유는, 점진적으로 그리고 조심스럽게 이 보다 높은 의식의 지평에 이르기 위한, 그 유효성이 입증된 방법들을 포함하고 있기 때문입니다. 그것은 종교나 교회에 관한 것이 전혀 아닙니다. 그것은 우리 자신의 초월transcendence에 관한 것입니다. 그것은 우리의 지상적 고뇌를 넘어서는 것에 관한 것이며, 우리의 고난보다 더 커다랗게 됨에 관한 것입니다.

'기타'의 다이얼로그는 우리를 이 방향으로 나아가게 합니다. 그러나 크리슈나는 자유의 삶을 살 것인가 혹은 고통의 삶을 살 것인가는 우리 자신의 선택에 달려 있음을 분명히 하고 있습니다. 우리가 우리 자신의 운명을 결정짓습니다. 만족스런 삶을 살 것인가 아니면 불행한 삶을 살 것인가, 우리 스스로 결정해야 합니다.

크리슈나는 우리가 어느 길로 향해야 할지에 대해 처음부터 분명히 하고 있습니다. 그러나 그는 설교를 하지 않으려고 항상 조심합니다. 우리가 고통을 겪느냐 아니냐는 실로 우리 자신의 손 안에 있습니다. 대화의 마지막에서 그의 최종적 충고는 이렇습니다. "이에 대해 두려움 없이 그리고 충분하게 숙고하십시오. 이 가르침들에 대해 깊이 탐문한 후에 그대가 선택한 대로 행동하십시오."

선택은 당신의 몫입니다.

잭 홀리

Jack Hawley

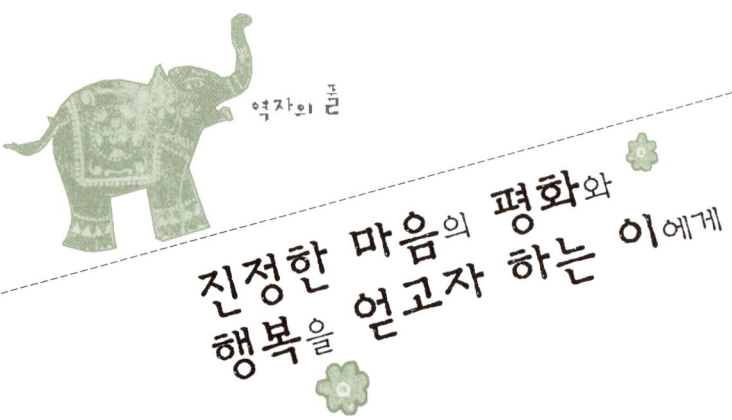

역자의 글

진정한 마음의 평화와
행복을 얻고자 하는 이에게

《바가바드 기타》를 글자 그대로 해석하면, '바가바드Bhagavad(신에 가까운 스승이나 신 자체에 대한 존칭)' = 지존자至尊者, 혹은 지고자至高者의 '기타Gita' = 노래를 의미합니다. 여기서 '바가바드'로 존칭되는 지고자는 위슈누Vishunu 신이자, 그가 인간적 모습으로 육화肉化, incarnation = avatara한 크리슈나이기도 합니다.

《바가바드 기타》는 세계에서 가장 방대한 서사시이자 인도 고전문화의 백과전서로 불리는 『마하바라타』 중에 삽입되어 있는 18장으로 구성된 종교 문학서로서, '힌두교의 성경'이라고 불릴 정도로 널리 읽혀왔고, 바이블에 버금갈 정도로 여러 나라 말로 번역되어 왔습니다. 우리나라에도 고_故 함석헌 옹의 번역을 위시해서 석지현, 길희성(전 서강대 종교학과 교수), 임승택(현 경북대 철학과 교수) 그리고 이현주 목사의 번역본이 있습니다.

이미 여러 종의 번역서가 있음에도 잭 홀리의 이 책을 소개하는 의의와 필요성은 무엇일까요? 18장으로 구성된 《바가바드 기타》 원본은 바쁜 현대인들이 한가하게 읽기엔 분량도 적지 않고, 일반인들이 이해하기 어려운 인도철학의 전문적 용어들과 깊은 사색을 요하는 형이상학적 사상들이 여기저기 흩어져 있습니다.

이 책의 의의는 저자의 글에서도 밝힌 바와 같이 《바가바드 기타》의 난해하고도 지루할 수 있는 가르침들에서 진액만 걸러내고 증류시켜, 그 핵심적 진리를 선택적으로 재구성했다는 점입니다. 과학기술과 물질문명이 가져다준 외적 풍요로움과는 거꾸로 현대인들은 영적 빈곤과 영적 질병으로 인한 공허감과 자아상실감에 평온함을 잃고 불안해하고 있습니다. 잭 홀리의 이 책은 일반인들도 쉽게 '기타'의 핵심적 진리에 접근함으로써 삶의 의미와 목적을 찾는 데에 도움을 주는 '정신의 참고서(마하트마 간디의 표현)'가 될 수 있습니다.

이를 위해 저자는 삶의 커다란 문제를 다섯 가지 주제로 구분하여 '기타'의 내용을 명쾌하게 독자들 앞에 제시해주고 있습니다. 그것은 참나가 무엇이고(1장), 삶의 목적이 무엇인가(2장), 참다운 실재인 신이란 무엇이고(3장), 나와 신(궁극적 실재 혹은 진리)의 관계와 자아를 실현하는 방법(요가)은 무엇이며(4장), 마지막으로 이런 이론들을 실생활에 적용시키기 위한 영적(불교적으로는 '깨달음의') 삶을 어떻게 영위할 것인가(5장) 하는 것입니다.

이것을 도표로 보이면 다음과 같습니다.

영적 (깨달음의) 삶		
	나	거짓 나假我: 신심身心 복합체 나眞我: 아뜨만, 정신spirit(불교적으로는 진심, 여래장, 불성, 주인공, 한 물건, 무위진인 등)
	삶의 목적	신과의 융합(참나와 우주적 정신의 동일함을 깨달음, 불교적으론 내가 곧 부처임을 깨달음)
	신과의 융합 방법	박띠 요가: 사랑과 봉헌의 길 갸나 요가: 명상과 지혜의 길 까르마 요가: 비이기적, 봉헌적 행동의 길
	신	우주적 정신, 브라흐만(불교에서는 비로자나 법신불, God, the Divine, the Divinity, Godhead)

저자 소개에서 알 수 있듯이 잭 홀리는 단지 고전학자나 특정 종파에 치우친 편파적 종교인이 아닙니다. 그는 '기타'에서 현대인에게 보편적으로 적용될 수 있는 진리를 발견하고, 더 나아가 그것을 생활화하고 실천을 통해서 터득한 지혜를 현대 서양인들에게 전해주는 것을 주요 사명으로 삼고 있습니다. 저자의 말을 상기시키기 위해 저자의 글에서 인용해보고자 합니다.

"'기타'는 종교적 교리가 아닙니다. 그것은 서사시이며, 크리슈나가 우리에게 들려주는 사랑의 노래입니다."

"이 고대의 영적 가르침은 이제 보편적 가치이며, 어떤 규정된 신조에 의해 제한될 수 없습니다."

"'기타'는 도그마나 폐쇄된 것이 아닙니다."

"당신은 당신의 삶을 정신화시켜야 합니다. 보다 종교적이 아니라 보다 영적이어야 합니다."

"그것('기타')은 종교나 교회에 관한 것이 전혀 아닙니다. 그것은 우리 자신의 초월에 관한 것입니다."

여기서 말하는 종교란, 특정 교주나 교리, 교회 그리고 의식 등으로 구성된 조직화된 기성 종교를 뜻합니다. 종교가 오랜 시간이 흐르다보면 교주의 원체험原體驗은 점점 위축되고 역사적 과정을 통해 외적으로 부가

된 것들이 점차 커지면서 석화$_{石化}$되기 쉽습니다. 원체험은 영적인$_{spiritual}$ 것이었지만, 종교의 본질인 영성(불교적 표현으로 '깨달음' 혹은 '불성')과 영적 삶은 사라지고 그에 이르기 위한 수단인 교리나 교회, 의식이 중심에 자리잡게 되기 십상입니다.

그래서 종교는 시대의 변천과 더불어 개혁되고, 재해석될 필요가 있습니다. 저자가 이 책에서 'spirit' 혹은 'spiritual'과 같은 말을 자주 사용하고 있는 것도 조직화된 종교가 빠지기 쉬운 함정을 피하려는 의도로 보여집니다. 저자는 이 책에서 '기타'를 특정 종교나 교파를 넘어선 보편적 진리로서 재해석하고 재구성하고 있습니다.

이런 맥락에서 한 가지 독자의 주의를 환기시키고 싶은 것은 '신'이라는 말입니다. 저자는 서양인들에게 이미 특정 종교의 전용어가 된 'God'이라는 개념이 함유하고 있는 많은 선입견을 피하고자 의도적으로

이 단어를 회피하고 있습니다. 우리는 일반적으로 'God'을 신神이라고 번역하여 쓰고 있지만, 'God'이란 폭넓은 함의를 지닌 단순하지 않은 말입니다. 회교도에겐 '알라'가 신이며, 유대교도에게 '야훼(여호아)'가 신이고, 기독교도들에겐 독생자 예수 그리스도의 아버지인 '하나님'을 뜻하며, 대승불교도에겐 우주불인 비로자나 법신불이 'God'이라는 개념에 상응하는 말입니다. 'God'이라는 개념의 이러한 다의성 때문에 현대 종교학자들은 'God(신)'을 '궁극적 실재the Ultimate Reality', '궁극적 가치the Ultimate Value', '존재의 바탕the Ground of Being' 혹은 '절대자the Absolute' 등의 보편적 언어로 해석합니다.

저자는 원본에서 다의성을 지니고 있고 서양인들의 심성에 특정 종교의 색깔로 물들여진 'God'이라는 말을 가급적 피하고 대신 'the Divine', 'the Divinity', 'the Godhead'라는 단어를 사용하고 있습니다. 그러나 역자는 우리말의 표현상 이 단어들에 적합한 말을 찾지 못해 '신神', 혹은 '지고신至高神'으로 번역했음을 양해 바랍니다. 여기서 역자가 번역한 '신'은 앞에서 언급한 바와 같이 '궁극적 실재', 혹은 '궁극적 가치'이자 '순수 의식', '순수 영성'을 의미합니다.

또 한 가지 독자들의 양해를 구하고 싶은 것은 번역 어투에 관한 것입니다. 기독교인들이 많은 우리나라에선 '신'이라고 하면 구약성서에서 보듯이 인간에게 명령을 내리고 선포하고 지시하는 무한한 권위와 카리스마를 지닌 존재이고, 그에 따라 구약의 어투도 상하수직 관계에 맞는 것입니다. 그러나 '기타'에서 인간을 대표하는 아르주나 왕자에게 노래를 읊고 있는 크리슈나는 '이슈와라主宰神'라고 불리는 비슈누 신의 화신化身이긴 하나 아르주나의 어릴 적부터의 오랜 친구이자 아르주나의 전차 몰이꾼 역할을 맡고 있습니다. 또 자신을 '신'이라고 부르고 있으나, '기타'에서 말하는 신(이슈와라, 혹은 비슈누 신 혹은 브라흐만)은 인간과 만물로부터 분리되어 저 하늘 위에 군림하는 신이 아니라 인간 내면의 '참된 나眞我(=아뜨만)'와 동일한 존재입니다. 이런 배경 때문에 크리슈나의 가르침을 권위를 풍기는 엄숙체로 번역하지 않고, 아르주나, 즉 인간의 벗으로서 동등한 관계를 보이기 위해서 존칭형 어투를 사용했다는 점을 밝힙니다.

그리고 본문의 각주는 모두 역자에 의한 것임도 밝힙니다.

비록 적은 분량의 책이지만, 이 번역서가 영적 빈곤과 영혼의 질병을 앓고 있고 진정한 마음의 평화와 행복이 무엇인가 모색하며 방황하고 있는 분들에게 자그마한 지침이 될 수 있다면 역자의 큰 보람일 것입니다.

끝으로 개인적인 사정으로 원고를 계약기한 내에 마치지 못한 점을 출판사에 사과드리며, 좋은 책을 만들기 위해 노고를 아끼지 않은 「체온365」 출판사 관계자 여러분들에게 심심한 사의를 표합니다.

2007. 4. 11

이지수

1장 자아의 발견

나는 누구인가?

" 아르주나는 신음했다.

그러나 크리슈나여, 나의 팔과 다리는 갑자기 무겁게 느껴집니다. 입은 마르고 팔의 털은 곤두섰습니다. 온 몸이 떨립니다. 피부는 모두 타들어 갑니다. 나의 마음은 슬픔 속에 소용돌이 칩니다. 서 있을 수조차 없습니다. 신이여, 나는 내 자신이 누구인지조차 알 수 없습니다. "

서 곡

이 장에서 크리슈나(위슈누 신의 육화肉化)는 개체가 물리적 신체라는 근본적인 오인誤認으로부터 전사의 고뇌에 찬 탄식이 일어난다고 알려줍니다. 크리슈나는 우리가 단순한 신체 그 이상이라고 가르칩니다.

이것은 놀랄만한 것입니다. 왜냐하면 우리는 우리의 신체가 바로 우리의 존재인 양 믿고 행동하며 살아가기 때문입니다. 그러나 살아가면서 우리는 아홉 혹은 열 개의 구멍을 가진 가죽가방 이상의 존재임이 틀림없다고 느끼게 됩니다. 예를 들면 장례식장에서 우리가 보고 있는 시신의 참된 본질은 다른 곳으로 가버리고 육체에는 더 이상 없다고 이해합니다. 삶과 죽음의 절박한 시간에 우리는 무엇이 실재인지 압니다. 전사이자 왕자를 사로잡고 있는 절망감에 대한 크리슈나의 즉각적인 반응은 그것 너머로 높이 솟구치는 것, 즉 아뜨만[1]·영혼·생명력을 향해 대화를 끌어올리는 것입니다. 아뜨만은 내면의 참다운 자아이며, 중핵中核이자 최고의 영적 진리입니다. 인간의 정신$_{spirit}$[2]은 신체와 완전히 구별되는 그 이상의 것이며, 우리가 우리의 세속적 좌절감을 극복해야 한다면 둘 사이를 구별하는 것이 필수적입니다.

---

[1] 인간 내면의 참다운 나(진아(眞我)). 이 아뜨만은 우주적 정신인 신(이슈와라) 혹은 브라흐만과 동일한 실재이다.

[2] 역자는 지·정·의로 이루어진 mind를 마음으로 번역했고, 초인격적인(transpersonal)인 spirit는 원래의 의미와 관계없이 '정신'으로 번역했다. spirit는 흔히 soul과 같은 의미로 쓰이며, 따라서 spiritual은 '영적' 혹은 '정신적'으로 번역했음을 밝힌다.

이러한 이해의 높이로 우리를 끌어올리기 위해 크리슈나는 세 가지 핵심적 가르침을 제시합니다. 첫째, 우리는 내면의 수수께끼 같은 영적 자아, 즉 아뜨만의 진리를 배워야만 합니다. 둘째, 우리는 이 파악하기 어려운 아뜨만의 원리를 감싸 안고 더 높은 각성의 수준에서 살아야 합니다. 셋째, 우리는 종국적으로 개체 속의 자아(아뜨만)가 만유 속에 있는 동일한 자아라는 한층 더 놀라운 진실(실재)을 이해할 필요가 있습니다.

크리슈나는 "이것이 참다운 지식이다. 그 밖의 다른 것을 구하는 것은 무지를 찾는 것이다."라고 말합니다.

이제부터 크리슈나의 가르침을 소개합니다.

참다운 자신, 아뜨만

❝ 당신은 심각하게 슬퍼할지 모릅니다. 그러나 그것은 이유가 없는 것입니다. 당신의 말·생각·느낌 등은 당신에게 현명하게 보일지도 모릅니다. 그러나 진정으로 현명한 사람은 삶을 위해서도, 죽음을 위해서도 슬퍼하지 않습니다. 설명해 드리겠습니다.

영성靈性에 있어서 참다운 것real이란 영원하고, 파괴되지 않고, 결코 변화하지 않는 것을 뜻합니다. 무상無常한 것은 어느 것이나 – 비록 그것이 오랫동안 지속될지라도 – 마침내는 변합니다. 그러므로 참된 실재reality[3]가 아닙니다.

이런 논리에 따르면 당신의 육체는 실재가 아니며, 당신의 슬픔도 실재가 아닙니다. 그러나 당신의 신체에 거주하고 있는, 실재하는 뭔가가 있습니다. 그것이 당신의 영soul, 즉 아뜨만입니다. 아뜨만은 스스로 존재합니다. 그것은 각성 그 자체이며, 순수 의식이며, 당신의 양심이기도 합니다. 그것은 우주 곳곳에 편재遍在합니다.

참다운 당신인 이 아뜨만은 결코 태어난 적도 없었고 영

---

[3] 흔히 범하는 번역의 오류 가운데 하나는 substance와 reality를 혼동하여 후자를 실체라고 번역하는 경우이다. substance는 속성의 기체로서 실체로 번역되어야 하지만 reality는 illusion(미망, 착각) 혹은 appearance(현상, 겉으로 나타난 것)의 대립 개념으로서 '실재'로 번역해야 옳다.

원히 죽지도 않을 것입니다. 사실, 내재하는 이 실재는 어떤 변화도 겪지 않습니다. 그것은 결코 끝나지 않으며, 결코 파괴될 수 없습니다. 마치 구름이 하늘에 나타나지만, 구름의 자리를 만들고자 하늘이 갈라지지 않듯이 슬픔과 비애 역시 아뜨만을 건드릴 수 없습니다.

내면의 이 불가사의한 영적 실재인 아뜨만을 아는 것이 영성sprituality의 근본적 목표입니다."

아뜨만이란

"사랑하는 벗이여, 당신의 신체적 자아는 언젠가는 끝날 것이나 내면의 참다운 자아는 결코 사라지지 않을 것입니다. 아뜨만眞我은 죽지 않으나 신체는 언젠가는 소멸합니다.

그대 자신을 이 썩어질 육신과 동일시하지 마십시오. 물질적 우주 안의 모든 사물들은 오고 가며 나타나고 사라지지만, 당신 내면의 생명력인 아뜨만은 언제나 그대로입니다. 사람이 낡아버린 옷을 벗어버리듯이, 영(아뜨만)도 세월과 더불어 늙어버린 인간 형체를 벗어버리고 새 것으로 갈아입습니다.

이 불가사의한 개념을 이해하기란 쉽지 않습니다. 혹자는 아뜨만을 경이로운 것으로 보며, 혹자는 그 영광에 대해 말하며, 대부분의 사람들은 들어도 전혀 이해하지 못합니다. 물리적 세계를 넘어 존재하는 것들을 탐색하는 사람도 극소수입니다.

아뜨만이라는 이 포착하기 어려운 원리를 이해하는 사람들은 높은 이해의 지평, 어떤 세속적 동요나 괴로움도 있을 수 없는 의식의 차원에 있음을 깨닫습니다.

현자들은 불가사의한 아뜨만이 '가장 미묘한 것보다 더 미묘하다.'고 말합니다. 물은 흐르는 상태(물의 가장 미묘한 상태)에서는 결코 부패하지 않습니다. 마찬가지로 아뜨만은 비록 모든 존재 안에 머물러 있지만, 어떤 부정성否定性에 의해서도, 또한 낙천주의에 의해서도 결코 오염될 수 없습니다.

태양이 떠오를 때 밤의 어둠은 사라집니다. 마찬가지로 당신이 지식[4]과 참된 자아, 즉 아뜨만의 체험을 얻을 때 무지의 어두움과 미망과 고뇌도 소멸됩니다."

---

4 | 여기서 말하는 '지식'은 머리로만 아는 개념적, 논리적 지식이 아니라, 감각과 사고를 넘어선 신비적, 직관적 인식을 가리킨다. 불교적으로 표현하면 분별식이 아니라 무분별지(無分別智, 주관과 객관의 이원적 대립을 넘어선 智), 즉 반야(혜(慧))를 뜻한다.

모든 것에서
아뜨만을 찾다

❝ 진리에 근거한 삶을 살고 있는 고도로 진화되고 문화화된 사람들조차도 이 아뜨만의 실재를 놓칩니다. 혼란스럽고 고뇌하는 마음은 참다운 진리를 알 수 없습니다.

개인 내면의 자아는 모든 것 안의 자아라는 이 놀랍고도 현기증 나는 진리를 깨치십시오. 당신이 마침내 이 항구적인 영적 각성 가운데 살게 될 때, 당신은 신the Divine과 하나라는 느낌을 결코 잃지 않을 것이며, 신 또한 당신을 잃지 않을 것입니다.

오직 하나의 진리만이 있을 뿐입니다. 모든 존재 내면에 있는 신은 하나의 진리입니다. 그리고 아뜨만, 즉 당신의 영혼이 진실로 신입니다! 이것을 나는 참된 지식이라고 선언합니다. 그 밖에 다른 것을 찾는 것은 무지를 찾는 것입니다."

오늘을 위한 인도의 지혜
바가바드 기타

2장
삶의 의미

나는 왜 여기 있는가?

> 세상적인 것에 속박됨은 분명 삶의 목적이 아닙니다. 그 대신 저 너머에 있는 우주적 정신에 초점을 두십시오.

서 곡

우리는 삶의 목적을 찾고, 우리가 왜 여기 이 세상에 있는지를 알고자 끊임없이 갈망합니다. 우리는 단지 태어나서 나뭇잎사귀처럼 물결 따라 흘러가다가 닳고, 바래지고, 물에 베어져 가라앉기 위해 여기에 있는 것이 아님을 알고 있습니다. 우리의 직관은 우리가 더 높고 더 고귀한 목적을 위해 여기에 있다고 속삭입니다. 이 목적을 맛보지 못하고 살아왔던 무수한 생生들이 그 목적에 대한 우리의 굶주림을 키워 왔고, 이제는 그 굶주림이 우리를 갉아먹고 있습니다.

크리슈나는 이 장에서 우리의 배고픔을 달래줍니다. 그는 우리가 귀하고 은혜로운 계획을 이루기 위해 여기에 있음을 밝히고 있으며, 다음의 네 가지 필수적인 목적을 제시하고 있습니다.

- 우리는 도피적인 삶을 위해서가 아니라 이 세상에서 왕성하게 활동하며, 인간에게 이익이 되는 좋은 일을 하고자 여기에 있는 것입니다.

- 우리는 우리의 세속적 의무, 즉 우리의 다르마_dharma_ [5]를 수행함으로써 점진적으로 우리 자신의 신격神格, the

---

5 | dharma는 '정의', '법', '선행', '덕', '규칙', '의무' 등 여러 가지 의미를 가진 인도의 종교와 철학에서 중요한 단어 중의 하나로서 여기서는 사회적 역할에 따른 의무를 뜻한다. 불교에선 흔히 '법'으로 번역되며, 붓다의 가르침 혹은 그 가르침이 의미하는 '진리'를 뜻한다.

Divinity을 완성시키고자 여기에 있는 것입니다.

- 우리는 진실로 신the Divinity을 알고 있는 수많은 사람들 가운데 한 사람이 되려는 특별한 길을 추구하기 위해 여기에 있는 것입니다.

- 우리는 마침내 모든 영적 추구의 정점에 도달하기 위해, 그리고 지고의 우주적 영[6]과 실제로 합일되어 다시는 세속적 괴로움으로 돌아오지 않기 위해 여기에 있는 것입니다.

크리슈나는 또한 이 신적 합일을 달성하기 위해 두 가지 주요 방법을 밝혀줍니다. 하나는 사랑의 힘입니다. 우리가 이러한 의식의 높이에 도달하는 것은 흔들림 없는 봉헌bhakti, 信愛을 통해서이기 때문입니다. 다른 하나는 내면

---

6 | '지고의 우주적 영(靈)'은 브라흐만(梵) 혹은 우주의 주재신(主宰神)인 이슈와라를 가리킨다.

에 있는 우리 자신의 신성이라는 강력한 원리 – 이것은 온 세계에 편재해 있는 동일한 신성인데 – 인 아뜨만(진아眞我)에 융합되는 것입니다.[7]

그 가르침은 다음과 같습니다.

---

[7] 힌두 철학에 따르면 '우주적 영', 즉 브라흐만과 인간 내면의 참다운 나인 아뜨만은 그 본성에 있어서 동일하다. 이 범아일여(梵我一如)라는 궁극적 진리를 체득함으로써 세상의 속박과 괴로움에서 영구히 벗어나는 것이 삶의 목적이다. 기독교에서 하나님의 왕국과 성령이 인간 내면에 있다는 가르침이나, 불교에서 우리의 마음 속에 불성이 있고 우리의 마음이 곧 부처임을 깨달을 때 중생이 곧 법신불이 된다는 가르침과도 유사하다.

행동하라

❝ 사람들은 미혹되어 영적 삶은 반드시 비활동적인 생존이라고 생각합니다. 이것은 진실이 아닙니다. 그러나 이런 오해는 특히 세상의 활동들로부터 도피하고자 하는 사람들에게 많은 좌절과 번민을 야기시킵니다. 당신은 단지 당신의 세속적 의무를 회피하고, 세상을 포기했다고 자신을 기만함으로써 자아실현이라는 지고의 목적

을 달성할 수는 없습니다.[8]

먼저 행동하십시오! 비행동은 단 한 순간도 불가능합니다. 먹기·자기·숨쉬기·잠재의식적인 마음활동들·심장의 박동, 이들이 모두 행동들입니다. 행동을 거부하는 것은 당신을 그 어느 곳에도 이르지 못하게 합니다. 관상觀想이나 명상瞑想이 갖고 있는 수동적인 목표조차도 행동 없이는 달성할 수 없습니다.

---

8 | 오늘날 자연과학의 인과율과 같이 인도에선 고대부터 모든 행동은 그 에너지(업력, 業力)에 상응하는 결과를 낳는다는 인과응보의 법칙을 믿어왔다. 마치 콩 심은 데 콩 나고 팥 심은 데 팥 나듯이 선업은 낙과(樂果)를 낳고 악업은 고과(苦果)를 낳는다는 것이다. 인과응보의 논리적 귀결이 우리는 자신이 지은 행위의 과보를 받기 위해 사후에 자신이 지은 행동에 상응하는 생존으로 다시 태어난다는 윤회 사상이다. 그러므로 윤회에서 벗어나기 위해서는 선행이건 악행이건 일체의 행동(업)을 하지 말아야 하며, 그러기 위해서는 세상사를 포기하고 히말리야의 동굴 같은 곳에서 도피의 삶을 살아야 한다는 논리에 이르게 된다. 크리슈나의 가르침은 바로 이러한 부정적인 생각에 대한 도전이다. 문제는 행동의 포기가 아니라 행동의 결과에 대한 집착의 포기라고 크리슈나는 호소한다. 이기적 집착으로부터 벗어난 행동은 과보를 낳지 못하며, 오히려 신에 이르는 길이 된다는 것이 까르마 요가 사상이다. '기타'를 정신의 참고서라고 불렀던 마하트마 간디는 자신을 까르마 요기(요가 수행자)라 불렀고, 그러한 정신으로 영제국에 대항하여 독립투쟁을 전개하였다.

자연 전체를 통해 행동이 존재합니다. 소용돌이치는 원자부터 모든 우주까지 모든 것은 움직임 가운데 있고, 모든 것이 활동 가운데 있습니다. 꼼짝 않고 앉아 있지만 세상의 감각적 매력을 생각하고 있는 것도 일종의 활동에 종사하고 있는 것입니다. 다른 방식으로 생각하면 당신은 스스로를 미혹케 하는 것이고 당신의 미혹이 고통을 가져옵니다."

내면의 진리, 다르마

❝ 당신의 내적 진리에 따라 사는 것이, 삶에 있어서 당신 의무의 본질입니다. 당신의 천성은 당신의 기질(성향)에 맞추어 의무를 수행하라고 명령합니다. 이들을 당신의 다르마dharma, 즉 당신의 천부적 소명이라고 말하는 것입니다.

사람들은 흔히 의무를 그들의 생계유지를 위한 일, 혹은 직업적 역할로 너무 좁게 생각합니다. 대신 의무를 더 높은 전망으로부터, 즉 최고아(最高我)인 아뜨만에 대한 당신의 의무로서 보십시오. 그것(의무)을 당신 내면에 머무르고 있는 신에 대한 의무로 생각하십시오.

만일 뭔가를 행하는 것이 고통스럽다고 생각하기 때문에 당신의 의무를 회피하려고 한다면, 당신은 당신 내면의 진리(진실)를 범하게 될 것입니다. 이 범행은 평화를 교란시킵니다. 왜냐하면 내면의 진리는 당신의 삶에 있어 중대하고 필수적인 근간이기 때문입니다. 그것은 바로 당신 만족의 원천입니다.

삶에 있어 당신의 목적 - 이것은 바로 모든 인간의 목적이기도 한데 - 은 당신 내면의 신인 영적인 완성을 점진적으로 성취하는 것입니다. 당신의 의무에 헌신함은 마침내 당신이 이 영적인 완성을 발견하도록 돕습니다. 당신의 의무를 혐오하거나 회피하는 것은 영적인 완성을 상실하도록 조장합니다."

수천 명 가운데
오직 한 사람

❝ 당신에게 불가능하게 보일지 모르나 한갓 인간으로서도 실로 신을 알 수 있습니다. 단지 신에 관해서about 알 뿐 아니라 신을 완전하게fully 알 수 있습니다. 당신이 이런 수준의 이해에 도달할 때, 당신은 본질적으로 신이 되는 것입니다. 이 드높은 이해를 당신이 추구할 무지개로 설정하십시오. 그리고 오랜 벗이여, 그것은 달성될 수 있음을 확신하십시오.

이 높은 곳에 도달하기 위해선 당신은 신에 대한 지식과 지혜 모두를 필요로 합니다.

신에 대한 지식knowledge은 지적 수준에서 그것을 아는 것이며, 신에 대한 지혜wisdom는 신을 완전히 깨닫고 당신의 일상적 삶에 그것을 적용하는 것을 의미합니다. 당신은 당신의 감각기관과 마음을 통해서, 즉 보기·듣기·생각하기 등을 통해서 지식을 얻습니다. 당신은 직접적 파악을 통해서, 즉 통찰·직관 그리고 개인적 체험을 통해서 지혜를 획득합니다.

수많은 사람 가운데 단 한 사람만이 진정으로 신을 그 전체로서 알고자 모색합니다. 신을 알고자 모색하는 수많은 사람들 가운데에서 단 한 사람만이 그 지식을 얻습니다. 그러나 이러한 우열의 차이에도 불구하고 때가 이르면 모두가 신의 지극한 평온함과 평화를 달성하는 것이 신의 자비로우신 의도입니다."

신과의 융합

❝ 우주의 밤이 깃들 무렵 모든 존재들이 그 안으로 융소融消되는 불가사의한 상태조차 넘어서, 드러나지 않는 또 다른 실재가 있습니다. 그것이 지고신至高神, Godhead, 곧 시간 저편, 생존 자체가 해체될 때조차도 멸망하지 않는 물자체thing in itself, 본질입니다.**⁹**

이 영원하고 절대적인 물자체가 최종 목표입니다. 이 궁극적 고향에 돌아온 모든 사람들은 나, 곧 지고의 정신에로 오며, 다시는 나와 분리되지 않고 다시는 세속적 근심, 걱정으로 되돌아가지 않습니다.

이 불사不死의 상태에 이르는 유일한 길은, 사랑(박띠), 즉 우주적 영인 나를 향한 흔들림 없는 봉헌입니다. 개개의 파도가 바다와 독립해서 존재하지 않는 것과 같이, 나로부터 떨어져서 별개의 영이 존재하는 것이 아닙니다."

---

9 | 상키야(數論) 철학에 따르면 그로부터 인간을 포함한 현상계가 전개되어 나오는, 쁘라끄르띠라고 부르는 근원적인 질료(原質)가 있으며, 우주적 순환의 주기에 따라 때가 되면 현상계는 제일 원인인 원질 속으로 해체되어 들어간다고 한다. 이렇게 심신복합체인 인간과 자연계는 시공 속에서 생성하고 해체되기를 반복하지만 그 너머에 영원히 영원불변하는 우주적 영이며 참다운 자아인 뿌루샤가 있으며, 이것을 아는 것이 곧 지혜이다.

자족의 참된 의미

❝ 아뜨만, 즉 참다운 자아_眞我_ 가운데 굳게 확립된 현자들은 자족의 참된 의미를 압니다. 이 최고 진아_眞我_의 순수한 만족과 평화를 구하고 찾은 사람들은 충족될 것입니다. 그들에겐 세속적 역할 속에 활동을 지속하는 동안조차도 더 이상 이 세상에서 완수해야 할 것이 아무것도 없으며, 더 이상의 강요된 의무도 없습니다.

그들은 본질에 있어 아뜨만이 되었기 때문에 이 신적인 사람들은 모든 얽매임과 괴로움을 넘어서 세속적 활동의 증인들이 됩니다."[10]

---

[10] 아뜨만 가운데 굳게 확주(確住)한 현자는 세속적 의무를 이행하면서도 실제로는 행위 주체가 아니라 단지 보는 자(證者)일 뿐이며 따라서 인과업보의 굴레에 속박되지 않는다.

3장 신에 대한 이해

많은 사람들이 'God'이라고 부르는
신은 누구이며, 무엇인가?

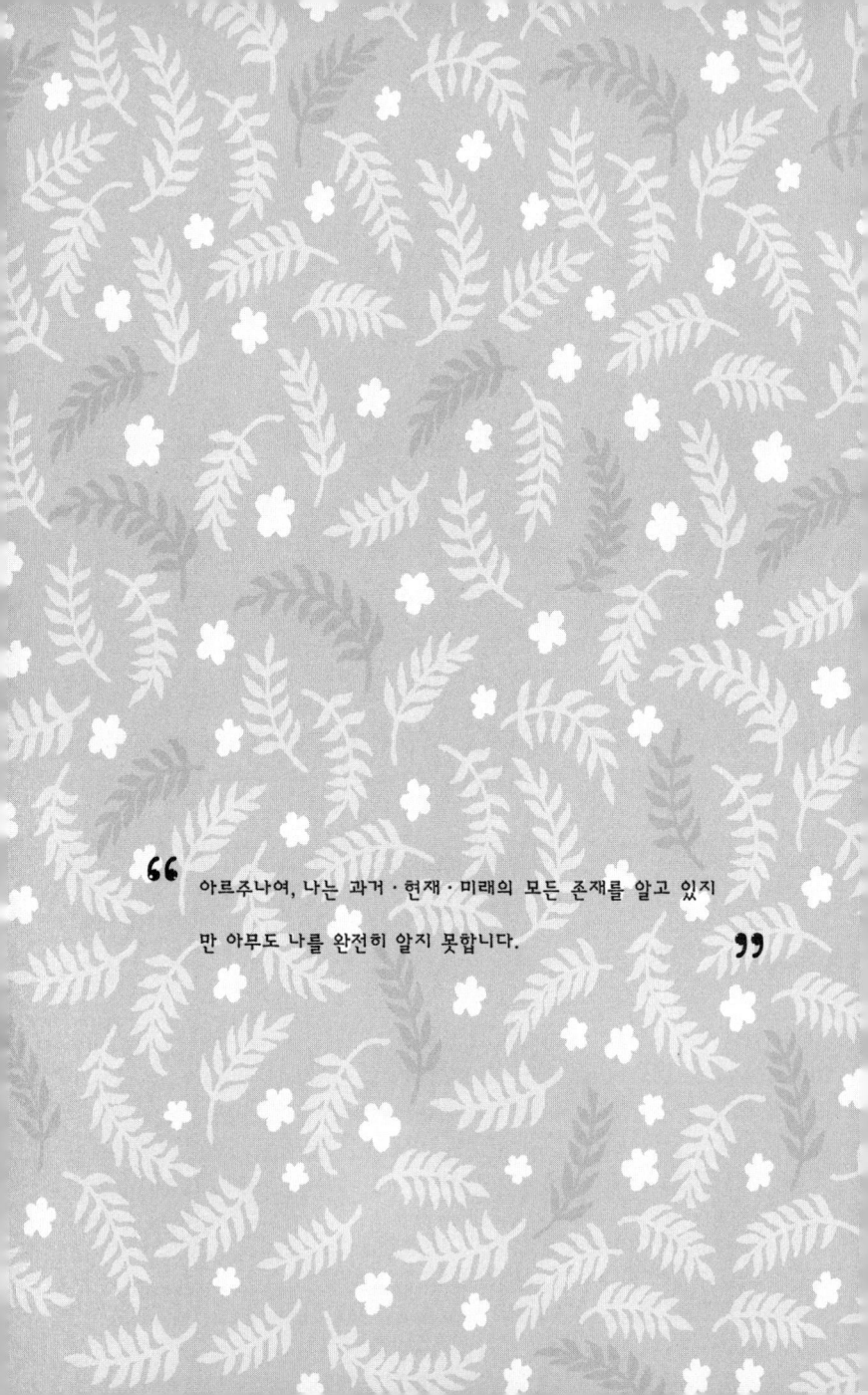

> 아르주나여, 나는 과거·현재·미래의 모든 존재를 알고 있지만 아무도 나를 완전히 알지 못합니다.

서 곡

1, 2장에서 우리는, 우리가 누구이며 왜 우리가 여기 있는가라는 중대한 문제를 다루었습니다. 이제 우리는 신의 본성에 관한 보다 우주적 차원의 탐문과 정면으로 만나게 됩니다.

이것은 실로 커다란 문제입니다. 신을 알기 위한 모색에는 뭔가 경외스러운 드높음이 있습니다. 비록 우리는 신을 결코 그 전체로서 알 수는 없지만, 우리는 그 이해에 보다 가까이 다가갈 수는 있습니다. 이것은 우선, 신이 인간성을 가진 실체라는 개념으로부터, 무한한 지고자 the Infinite Supreme로서 그리고 존재하는 모든 것으로서 깨달아 가는, 마음의 근본적인 재교육을 요구합니다.

이것은 하나의 도전입니다. 그러나 크리슈나는 우리를 편안하게 이끌어줍니다. 그는 우선 신이 우리들의 '신적 속성들' – 사랑·지혜·인내·평정 등 – 로서 우리 각자의 내면에 존재한다고 가르칩니다. 그 다음에 그는 신의 광대함과 그 가까이 현존함에 대해 수차례 선언한 후 신의 본성에 관한 많은 진리들을 보여줍니다.

그는 지고의 우주적 정신인 신의, 거의 상상을 초월하는 가장 추상적인 측면을 향해 우리를 고양시켜 줍니다.

이 장의 끝에서 전사이자 왕자인 아르주나는 두려움 가운데에서 신의 참된 의미를 이해하기 시작합니다. 크리슈나는 가르침을 요약하여 모든 것이 지고자(至高者, Godhead)라고 반복합니다.

가르침은 다음과 같습니다.

범인에서 신을 보다

❝ 신들**11**과 위대한 현자들도 진실로 나의 시작을 알지 못합니다. 내가 그들 모두의 시원始原이므로 나의 영광은 단지 부분적으로만 그들에게 알려진 상태입니다. 부모의 출생과 어린 시절에 대해 반복하여 묻는 아이들처럼 사람들도 아무리 많이 탐문할지라도 나의 수수께끼를 결코 완전히 이해할 수 없습니다.

범인凡人들이 가진 특정한 신적 속성들은 나의 창조입니다. 나는 모든 산 자들 가운데서 다음과 같습니다. 사랑 · 지혜(특히 아뜨만을 아는) · 지성 · 인내 · 평정 · 마음의 평화 · 소아小我, ego의 통제 · 옳음과 그름 사이의 구분 · 다른 생명에 대한 불상해不傷害 · 자제 · 베품 · 지속적 행복(기쁨) · 그 밖에 다른 긍정적 성향들.

이 모든 인간적 품위들은 신으로부터 나오며, 다양한 방식으로 개별적 영(개아個我)으로 표현된 우주적 영의 측면들입니다. 당신이 당신의 정신spirit으로부터 얼마만큼 멀어졌는가에 상관없이 당신 내면의 이러한 신적 측면들이 괴로움으로부터의 최종적 해방을 향한 주요 디딤돌들입니다. **"**

---

11 | '신들'이라고 복수형을 쓴 것은, 삼라만상 모든 것을 신성의 현현(顯現)으로 보는 인도인들이 특히 인간의 생명과 밀접히 연관된 것들, 예를 들면 태양, 바람, 강물, 불, 언어 등을 신으로 예배드리기 때문이다. 이 경우의 신은 범어로 데바(deva)라고 부른다. 이러한 군소 신들(minority gods)에 대해서 각각 우주의 창조와 유지 그리고 파괴를 주재하는 브라흐마, 위슈누, 쉬와의 삼신은 이슈와래(주재신)라고 부르며, 군소 신들에 대해 최고신, 혹은 지고신이라는 의미에서 'Godhead'라고 명명하고 있다.

크리슈나의 신적 선언

" 나는 이러한 영원한 진리들을 상상할 수조차도 없이 오래 전에 태양신에게 가르쳤습니다. 그는 바로 최초의 인간[12]에게 그리고 그는 다시 그의 아들들에게 이 진리들을 전했고, 그리하여 그들은 세속적 의무들을 보다 잘 다룰 수 있었습니다. **"**

혼란스러워진 아르주나는 이렇게 물었다. "현대인인 당신께서 어떻게 옛 사람에게 교시할 수 있습니까? 우리는 긴 세월 동안 가까운 친구입니다. 그리고 나는 당신을 진정으로 사랑합니다. 크리슈나여. 그러나 당신은 나보다 기껏 5~6년 연배입니다."

크리슈나가 말했다. "그대와 나는 많은 생生을 거쳐 왔습니다. 그러나 그대는 그대의 영속적 실재인 진아(아뜨만)를 깨닫지 못하고 있습니다. 이 무지가 그대의 커다란 고통의 원인입니다. 반면에 나는 무수한 겁劫을 통해 나의 지속성을 알고 있습니다. 그것이 차이입니다.

---

12 | 유대교와 기독교에서 최초의 인간을 아담이라고 믿듯이 힌두교에선 최초의 인간을 마누(manu)라고 생각한다. 흥미 있는 점은 마누의 어원이 '생각하다'라는 의미의 어근 √man에서 파생된 명사이며, 영어에서 사람을 뜻하는 man과 같은 인도·유러피안 어족에 속하는 말이라는 것이다. 마음을 뜻하는 범어 'manas'도 같은 어원에서 파생된 명사이며, 영어의 'mind'와도 관련이 있다고 추정된다.

만유萬有 가운데 있는 신으로서 나는 태어남도 없고 죽음도 없습니다. 그러나 때때로 나는 세속적 형상으로 나 자신을 현현顯現시키며 지상적 삶인 양 살아갑니다.

나는 악이 더 강하게 크고 다르마(의義)가 약해질 때, 다시 말해 영적·도덕적 위기의 시기에 나타납니다. 다르마, 즉 선하고 의로운 행동은 전 세계의 도덕적 기반이며, 그것은 그릇된 행동에 길을 양보해선 안 됩니다. 이런 일이 일어나기 시작할 때면 나는 육신으로 화하며, 다른 사람들을 돕고자 인간이 되어 사회를 고양시키고 변모시킵니다.

대부분의 사람들은 지고의 정신the supreme spirit이 인간의 형상으로 여기에 실제로 있다는 것을 이해할 수 없습니다. 나, 우주적 영이 그들 자신 내면의 주인이라는 비밀을 감히 알고자 하는 사람은 극소수입니다."

지고의 신

"나, 지고자至高者의 미묘함과 불가사의함은 오염된 마음을 가진 자에게는 이해될 수 없습니다. 그러나 당신 가슴 속의 신을 아는 것이 영적 지혜의 목표입니다.

지고의 신은 존재이자 비존재이며, 나타난 것顯現者이자 나타나지 않은 것未顯現者이며, 형태 있는 것이자 형태 없는 것입니다. 그것은 모든 손과 발 안에, 모든 창조된 것에 두루 존재합니다. 그것은 다多이자 일一, 즉 나누어지지 않은 것으로 나타납니다.**13**

희열 자체인 이 궁극적 신은 개개의 신체 가운데 영, 즉 아뜨만으로서 머물러 있습니다. 아뜨만의 진실을 알지 못하는 사람들에게 신은 머나먼 존재입니다. 그러나 아뜨만을 아는 사람들에게 신은 가까이 있습니다."**14**

---

13 | 영적 지혜의 눈을 가진 사람에겐 세상에 속한 것과 초세속적인 것, 현상과 실재, 너와 나 등 모든 이원적 대립이 사라지고, 모든 것이 신 혹은 궁극적 실재 가운데서 나누어지지 않은(undivided) 전체로 인식된다. 이것을 범어로는 'Advaita', 즉 불이(不二, nondivided)라고 한다.

14 | 이것이 〈우빠니샤드〉의 핵심적 가르침인 '범아일여(梵我一如)' 혹은 '그대가 곧 그것이다(Tat tvam asi)'라는 진리이다.

신의 본성

❝ 오랜 벗이여, 가까이 와서 들으시오. 내가 신의 본질을 설명하겠습니다. 나, 지고의 우주적 영은 낮은 것과 높은 것이라는 두 차원을 갖고 있습니다. 나의 낮은 차원은 자연의 영역입니다. 나의 높은 차원은 정신의 영역 – 불가사의한 생명력이며, 모든 존재들 가운데 있는 의식 – 입니다.**15**

이 두 측면, 즉 자연과 정신의 결합이 전 우주의 생명 자체의 원천입니다.

나는 순수의식입니다. 이것은 내가 모든 요소들과 모든 생존 등의 기저에 놓인 본질이라는 뜻입니다. 아무것도 나로부터 분리되어 존재하지 않습니다. 아무것도! 우주에서 나로부터 유출되지 않고 또 나에게 속하지 않는 힘은 없습니다.

실로 나, 지고신은 모든 것萬有의 근본적이고 본질적이며 본유적本有的인 본성입니다. 나는 태양에 있어서는 광휘光輝입니다. 나는 모든 생명 안에 있는 신의 빛입니다. 나는 흙의 은은하고 미묘한 냄새입니다. 나는 청정한 물에 있는 달콤한 맛입니다. 나는 달과 별이 가진 광선입니다. 나는 인간 존재의 바로 중심에 있는 정력·용기 그리고 용맹함입니다.

---

15 | 자연의 영역이란 앞의 9번 역주에서 언급한 쁘라끄르띠(원질)의 영역을 가리키며, 정신의 영역이란 뿌루샤 혹은 아뜨만을 가리킨다.

나는 모든 영적 실천에 있어 미묘한 정신이며, 봉헌자奉獻者에 있어 사랑이고, 시여자施輿者에 있어서는 자선慈善이라는 단맛입니다. 나는 모든 생존에 있어 다른 이들을 도우려는 본유적인 충동입니다.

나는 이러한 것들 모두이며, 그러한 행동들을 모든 인류의 복리福利와 조화시키는 모든 선행 가운데에서의 미묘한 힘입니다.

우주 전체는 나로 인해 조화를 유지합니다. 나는 보석 목걸이의 보석들을 관통하는 실과 같이 그 모두를 함께 묶어주는 힘입니다.

나, 지고자는 아뜨만, 즉 모든 인간 존재의 가슴 속에 자리잡고 있는 가장 내면의 영이며 참다운 자아입니다. 나는 모든 생존과 모든 것의 시작과 중간과 끝입니다.

모든 형태의 생명이 갖고 있는 많은 수준의 의식들 가운데 나는 순수의식입니다.

사람들이 갖고 있는 덕(성질)들 가운데 나는 부드러운 말·기억력·지성·확고한 인내·충성심 그리고 용서와 같은 우아함과 부드러움 때문에 흔히 여성으로 여겨지는 덕성입니다.

자연을 이루는 여덟 요인들(땅·불·물·바람·공간·마음·지성 그리고 에고) 가운데서 나는 온기의 생명을 가져다주는 것, 즉 불입니다.

기록을 보존하는 자들 가운데 나는 틀림없는 계산자, 즉 시간 그 자체입니다.

모든 물의 형태 가운데서 나는 모든 물들이 합류되는 대양입니다.

모든 말소리들 가운데서 나는 가장 성스러운 음성 상징

인 옴Om입니다.

모든 본능들 가운데서 나는 생식충동입니다. 나는 또한 각 개인 안에 뱀과 같이 똬리를 틀고 있는, 우주적 에너지의 저수지인 꾼달리니의 상징입니다.[16]

나는 비밀스런 것이 가진 침묵입니다. 나는 현자의 지혜입니다.

모든 학문들 가운데서 나는 영적 지식, 즉 무지를 소멸시키는 자아에 관한 학문입니다.[17] 탐구과 논쟁을 위한 모든 인간이 가진 수단들 가운데 나는 논리학입니다.[18]

---

[16] 고대인도 종교의 한 지류에선 척추의 밑에 똬리를 튼 뱀으로 상징되는 잠재적 상태의 우주적 생명 에너지인 꾼달리니가 있으며, 꾼달리니 요가의 수련을 통해 이 에너지를 척추에 있는 여섯 개의 짜끄라를 따라 정수리에 이르면 마침내 우주적 의식이 실현된다고 한다.

[17] 오늘날에 학문이라고 하면 체계적인 지식을 가리키며, 머리로 지식을 획득하는 것이 학문함의 주요 목적이지만, 우리나라에서 전통적으로 학문을 한다는 것은 지혜를 기르고 덕성을 함양함을 뜻하였다. 중국에서의 학문이 보다 윤리적이고 도덕적인 성향이 짙었다면 인도의 전통에서 최고의 학문이란 보다 심리적이고 내향적이어서 참다운 자아의 인식을 통해 궁극적 자유와 평온을 얻는 것을 목적으로 삼았다.

나는 인간을 발전시키는 것 가운데 노력입니다. 나는 모든 인간 활동들 가운데 선과 악입니다. 도박에 있어서조차 나는 주사위의 흔듦입니다.[19]

실로 - 그리고 이것을 조심스럽게 생각하시오 - 나는 생각할 수 있고, 상상할 수 있는 모든 것입니다."

---

18 | 인도의 전통적 학문은 앞에서 말한 것처럼 요가와 명상, 신비주의적 직관의 방법에 의한 궁극적 실재와의 합일을 이상으로 하지만, 그렇다고 이성과 합리, 논리적 방법을 소홀히 하지는 않았다. 세계에서 논리학, 인식론을 학문적으로 체계화시킨 민족은 희랍과 인도밖에 없다. 특히 인식론은 인도가 서양보다 훨씬 이전부터 관심을 갖고 연구해 왔다.

19 | 신은 만유(萬有) 가운데 편재해 있으며, 동시에 인간의 분별심이 만들어낸 모든 이원성을 넘어선 존재이다.

최고의 자아, 뿌루쇼따마

" 생존에는 두 위계, 즉 소멸되는 것과 소멸될 수 없는 것이 있습니다. 모든 생명들은 소멸되나 오직 정신spirit, 아뜨만만은 그렇지 않습니다.

더구나 이 둘과 구분되며, 이 둘을 넘어 죽는 것과 죽지 않는 정신보다 더 높고, 최고의 신들보다[20] 더 높은, 나는 지고의 보편적 영, 즉 영원불변하며, 소멸될 수 없는 지고신Godhead으로서 존재합니다.

나는 나 자신의 이러한 측면에 있어 절대적이며 최고의 자아, 즉 뿌루쇼따마Purushottama[21]로 알려져 있습니다.

사랑스런 벗이여, 그대가 마침내 이 위대한 비밀을 파악할 때 세상의 모든 비애가 그대로부터 떨어져 나갈 것이며, 그대는 깨달을 것입니다. 기나긴 진화의 세월이 그 정점에 이를 것입니다. 이보다 더 높은 지식은 없습니다.**"**

---

20 | 군소의 신들(deva) 중에서도 태양신 수르야나, 폭풍의 신 루드라, 사법(司法)의 신 와루나와 같은 높은 위계의 신들을 가리킨다.

21 | 뿌루샤는 참다운 자아, 즉 아뜨만과 같은 뜻으로 사용되며, 우따마는 '가장 높은 것'을 뜻한다. 이 두 말의 복합어인 뿌루쇼따마는 최고의 자아로서 신을 의미한다.

아르주나의 외경

전사이자 왕자인 아르주나는 숨을 깊이 들이쉬곤 신에 대한 자신의 새로운 이해를 되돌아보기 시작했다. "사랑하는 벗이여!" 그는 토로했다. "당신은 지고신, 즉 우주적 정신입니다! 가시적可視的이고 나타난顯現 형태에 있어서 당신은 전 우주입니다! 나타나지 않은未顯現 형태에 있어서 당신은 비가시적인 지고신, 즉 순수 의식입니다!

당신은 만물의 기저에 놓인 본질이며, 가시적이건 비가시적이건, 생물이건 무생물이건, 이 우주 안의 모든 것의 시원이며 거주처입니다.

당신은 자연의 모든 것이며 그러면서도 그것조차 넘어서 있습니다! 당신은 영구적이며 모든 곳에 있으며, 모든 것 가운데 편재遍在합니다. 당신은 우주의 움직임의 기반이며, 영원한 다르마[22]라고 불립니다. 긴 세월을 통해 지혜로운 현자들은 당신을 이해하고 당신에게 도달하기 위해 특별한 직관력을 사용했으며, 이와 같이 칭송했습니다. "

---

[22] 인도인은 자신의 종교를 사나따나 다르마, 즉 영원한 진리(서양식 표현을 빌리자면 불변의 로고스)라고 부른다.

창조된 모든 것에서 신을 보다

크리슈나는 계속했다. "이 모든 것의 요점은, 지고한 영이라는 신은 우주 전체에, 모든 대상 가운데, 모든 생명체들 가운데, 각 개체 가운데 실제로 있으며 항상 존재해 왔습니다. 더욱이 이 동일한 신은 이 모든 생존들이 일상생활에서 하는 모든 활동 가운데 존재하며, 항상 그렇게 존재해 왔습니다.

인간이 이 세상으로부터 신(이것은 곧 희열임)을 분리시키려는 수많은 방법을 찾고 있으며, 그리하여 괴로움을 자초하고 있다는 사실에도 불구하고, 그리고 세상의 모든 것이 소멸된다는 사실에도 불구하고, 그 모든 것이 불멸의 지고한 신(이것은 바로 '나'이고 '그대'이다)으로 침투되어 있다는 것을 그대는 알아야 합니다.

다음을 깊이 숙고하시오. 이 우주의 모든 것이 지고신입니다. 신 이전엔 아무 것도 없습니다."

4장

신에 이르는 길

신과 나의 관계는 무엇인가?

> 아르주나여, 그대는 이 무상하고 괴로운 세상에 태어났음을 알고 있습니다. 이로부터 등을 돌려 신 가운데에서 기쁨을 누리시오.

서 곡

지난 장章에서 신의 불가사의한 광대함을 엿보았습니다. 이제 우리는 어떻게 저 무한자에 연결될 수 있는가를 물으면서 한층 더 가까이 다가가야 합니다.

여기서 크리슈나는 높은 신비주의로부터 방향을 전환하여 신과의 연계를 위한 일곱 가지 가르침을 제시합니다. 그의 충고는 한마디로 '사랑'으로 요약할 수 있습니다.

이것은 너무 간략하게 보이므로 요점을 놓칠 수 있지만 이것은 거짓이 아닙니다. 크리슈나가 말하는 사랑은, 사랑이 단지 자기중심적 자아_ego_들 사이에 관계라는 일반적 개념을 넘어선 것입니다. 크리슈나는 사랑이 모든 것을 감싸 안는 힘임을 보여줍니다. 창조된 모든 것萬有인 신을 사랑함이란, 자신 가운데 그리고 다른 모든 것 가운데 있는 신_the Divinity_에 대한 사랑을 포함합니다. 사랑에 대한 크게 확장된 이러한 인식은 인생이라는 여행길의 목적지이자 그 목적지에 이르는 수단이기도 합니다.

크리슈나는 먼저 신이 우리 내면에 있으며, 우리는 에고에 갇힌 작은 자아_小我 혹은 假我_로부터 우리 자신의 신_眞我_으로 옮겨가야 한다고 거듭 말합니다. 그 다음에 우리는 신과의 관계를 열망하는 사람의 네 가지 유형과 봉헌(박띠)의 네 가지 미묘한 단계를 배웁니다. 우리는 공경심이라는 특수한 태도로 삶을 살라는 가르침을 받습니다. 우리는 사랑함이라는 행위 자체가 신을 알고 신이 되는 영적 체험임을 발견하게 됩니다.

이 장章의 끝에서 크리슈나는 최고의 낮춤(혹은 굴복)인 사랑을 통해 세속적 생존의 비애와 괴로움으로부터 영원히 벗어나서 마침내 신과 합일할 수 있음을 확신시켜 줍니다.

가르침은 다음과 같습니다.

소아에서 신에게로

❝당신이 신으로부터 분리되어 존재한다는 협소한 생각을 넘어서도록 하십시오. 또한 당신의 마음을 신의 절대적 단일성과 그리고 신과 당신 자신과의 참된 통합에 지속적으로 집중하고자 노력하십시오. 신은 결함이 없기 때문에 그러한 신과 하나가 된 당신도 신과 마찬가지로 완전하고 오점이나 고통도 없게 될 것입니다.

이 완성은 모든 생존 내면에 아뜨만으로서 존재하지만, 오직 현자만이 그것을 봅니다. 나와 우주적 통합 가운데 있는 사람들은 나를 경배하며, 그러므로 그들은 다른 모든 사람들의 가슴 속에 있는 신을 경배합니다. 그들은 이기적 자아_{小我, ego-self}로부터 신에게로 변화하였으므로 그들은 본질적으로 내 안에서 그들의 삶을 살아갑니다.

지혜롭고 요가수행자(요기)와 같은 영들은 신과 분리되지 않고 그와 하나임을 분명히 알고 있으므로, 우주와 그 안의 모든 생존 그리고 사물들과 하나입니다. 비록 불행으로부터 벗어났지만, 타인들이 느끼는 기쁨과 슬픔을 모두에게 일어난 것으로서 경험합니다. 이러한 각성이 가장 숭고한 영적 통합입니다."

네 가지 유형의 탐색자

" 신과의 연계를 찾는 사람들은 네 그룹으로 분류됩니다.

- 세상에 지친 자는 신체적 혹은 심적 괴로움, 두려움 그리고 역경을 덜기 위해 신을 공경합니다.

- 행복을 구하는 자는 건강·재물·가족 등과 같은 세속적인 것을 달성하기 위해 영적 수단을 사용합니다.

- 영적 추구자는 그들 자신의 영적 발전을 위해 지식과 지혜를 원합니다.

- 지혜로운 자는 이미 내면의 아뜨만을 알고 신만이 존재함을 알고 있습니다. 그들은 그 밖에 아무것도 원하지 않습니다.

네 유형의 사람들은 모두 고귀합니다. 신으로 향하는 이유가 무엇이든 때가 오면 당신을 영적 변형에로 인도할 것입니다. 그러나 처음 세 유형은 아직 세속적 욕망에 집착하고 있습니다. 이들 탐색자들 가운데 일부는 그들의 욕망을 충족시키고자 애쓰는 과정에서 군소 신들deva에게로 쏠리며, 바라는 결과를 얻는 것이 매우 쉽다는 것을 알게 됩니다. 그러나 그 보답은 병의 치유·승소勝訴·초능력의 발전 등 그에 상당하는 작은 것입니다. 이 세속적 능력들이 매우 유용하고, 그만큼 중요할지 몰라도 사랑이라는 신적인 힘, 즉 궁극적 보상에 비교하면 미약한 것입니다.

내면의 아뜨만을 이미 알고 있는 지혜로운 사람들이 가장 고귀합니다. 왜냐하면 그들은 아뜨만의 진실을 배웠고, 전 우주와 모든 군소 신들과 정령들 위에 주재主宰하시는 지고의 신the supreme Godhead과 의식적으로 결합했기 때문입니다.**"**

세 가지의 요가

❝ 인간의 천성에 있어 다소간의 차이가 있기 때문에 봉헌의 형태에도 다소간의 차이가 요구됩니다.

나, 지고신은 나에게 모든 행동들을 바치고, 마음을 나에게 두고, 나를 가장 귀한 기쁨으로 예배하며, 나를 삶의 올바른 목표로 삼는 사람들에게 빨리 다가갑니다. 이것이 봉헌의 길, 즉 박띠 요가bhakti yoga의 핵심입니다.

만일 그것이 당신에게 부담이 된다면 나에게 당신의 마음을 고정시키고, 오직 내 안에 몰입하며, 내 안에서 평온하려고 시도하십시오. 세상으로부터 당신 마음을 물리치고 우주적 영인 나에게 집중하십시오. 이것이 지식의 길, 즉 갸나 요가jnana yoga의 핵심입니다.

만일 당신이 이런 방식으로 집중할 만큼 충분히 수련되지 않았다면, 당신의 모든 세속적 활동을 예배의 형태로 변형시켜, 당신의 모든 행동을 나를 위해 하십시오. 이것은 결국 봉헌의 길(박띠 요가)과 비이기적 행동의 길 혹은 까르마 요가karma yoga의 종합입니다.

마지막으로 만일 당신이 이것조차 할 수 없다면, 그에 상응할 만큼의 강력한 다른 길을 추구하십시오. 그것은 절복折伏의 길, 즉 나에게 귀의하여 당신의 마음을 복종

시키고, 당신의 행동의 결실에 대한 욕망을 포기하는 것입니다." [23]

---

[23] 여기서 세 가지 형태의 요가가 제시되고 있는데, 요가란 '멍에를 씌우다', '결합하다', '노력하다' 등의 의미를 갖는 범어 어근 √yuj에서 파생된 명사로서 감관과 호흡과 마음을 통제하는 방법 혹은 그러한 수련을 통해 궁극적 실재를 깨닫고 그것과 하나가 된 상태, 즉 삼매를 가리키기도 한다. 그러나 여기서는 우주적 의식, 곧 지고신에 이르는 길을 의미한다. 최종 목적지에 이르는 길이 여러 갈래이듯이 요가에도 여러 가지 형태가 있다. 예수 그리스도와 하나님에 대한 절대적 믿음과 사랑을 강조하는 기독교는 박띠 요가에 상당하며, 불교의 경우 관음 신앙이나 아미타불 신앙은 박띠 요가이나 선불교는 지혜의 요가인 갸나 요가에 상당한다고 볼 수 있다.

언제나 사랑하라

❝ 진리는 아주 단순합니다. 당신이 사랑할 때 당신은 나를 지고신으로 알게 됩니다. 당신은 나의 가장 내면의 본성을, 바로 나 자신인 진리를 알게 됩니다. 사랑함이라는 행동 그 자체가 진실로 나를 아는 체험입니다. 왜냐하면 바로 신적 사랑이 나이기 때문입니다. 마찬가지로 당신 또한 그렇습니다. 당신이 사랑할 때, 당신은 실

제로 신이 됩니다. 이것을 확신하십시오.

어떤 사람에 대해서도 악의를 품지 마십시오. 그리고 미움을 사랑으로 갚으십시오. 용서하고 만족하십시오.

스스로 동요하는 자도 되지 않고, 바깥 세상에 의해 동요되지도 않도록 그리고 삶의 고난을 위장된 축복으로 받아들이도록 수련하십시오.

당신의 세속적 의무를 흠 없이 수행하되 결과에 대해 염려하지 말고, 삶에 곤란스러워하지 말며, 세상사에 집착하지 마십시오.

내가 당신에게 주는 어떤 요구건 충족시키고자 노력하며, 아무런 대가도 절대 기대하지 마십시오.

나에 대한 사랑을 배우는 데 당신의 모든 영적 노력을

기울이십시오. 왜냐하면 당신이 그렇게 할 때 자신과 모든 타인을 사랑할 수 있기 때문입니다. 그리고 사랑이 마침내 삶에서 당신의 유일한 관심이 되도록 저 드높은 사랑을 꼭 붙잡아야 합니다."

공경의 마음으로 살다

❝당신 자신의 삶을 살며, 신을 공경하는 마음가짐으로 당신의 일을 하는 것이 중요합니다. 그럴 때 비로소 당신은 모든 활동을 당신의 이기적 자아가 아니라 신을 위해 하게 될 것입니다.

당신이 행하는 모든 것에서 신을 사랑하는 법을 배우십

시오. 당신의 지상적 생존을 조금씩 조금씩 지속적인 예배의 마음가짐으로 전환하십시오.

당신이 이 길로 나아감에 따라 결국 당신은 지고자와 통합된, 보다 지혜로운 사람이 될 것입니다. 당신은 이 높은 상태를 당신이 살아있는 동안에 이루어야 합니다."

신에게로 귀의

❝ 선이건 악이건 모든 생각과 행동을 나, 곧 신에게 마음으로 바치는 법을 배우십시오. 내가 당신의 최선의 벗이며, 유일한 귀의처_{歸依處}임을 가슴 깊은 곳에서 자각하십시오.

사랑하는 벗이여, 신에게 전적으로 귀의하십시오. 그리

고 당신은 신으로부터 독립된 생존도 개체도 아니라는 명백한 진리를 항상 기억하십시오. 당신의 모든 삶을 진리에 맞추십시오.

당신이 나에게서 피난처를 찾을 때 당신은 모든 부정적인 것과 고통을 대신하는 커다란 마음의 평화를 경험합니다. 이렇게 하지 않는 사람들에겐 고통과 동요와 삶의 압박감이 계속 밀려옵니다."

높은 복종

❝복종은 비참한 패배라는 협소한 생각을 점진적으로 극복하고자 노력하십시오. 영성에 있어서 복종은 전체적 수용(받아들임)입니다.

나, 지고의 영에게 당신의 모든 마음을 주고자 열망하십시오. 항상 나를 공경하며, 오직 내 앞에서만 예배하십시오. 나를 당신 자신으로 삼고자 하십시오.

이러한 복종의 행위에 의해 당신은 나를 발견하고, 나에게 올 것입니다. 나는 당신에게 약속합니다. 왜냐하면 우리는 가장 위대한 통합의 힘인 사랑을 통해 영구히 맺어져 있기 때문입니다.

이 신적 사랑은 나에게 도달하기 위한 수단이면서 모든 인간존재의 궁극적 목표입니다. 이것을 성취하는 것이 당신이 추구하는 모든 것의 절정입니다.

당신이 이 희귀한 상태에 도달할 때, 당신의 영적 성장을 도왔던 선한 행동들이 그 목적을 완수하게 될 것입니다.

그럴 때 당신은 근심·슬픔 그리고 세속적 삶의 괴로움으로부터 영원히 벗어나서 나와 융합하게 될 것입니다.**"**

5장

영적인 삶

영적인 삶은 가능한 것인가?
그렇다면 어떻게 가능한가?

> 그러나 크리슈나여, 그런 고귀한 존재가 되고 싶지만, 저는 어떻게 시작해야 할지조차 모릅니다. 그러한 사람은 어떻게 말하고, 앉고 혹은 움직여야 합니까?

서곡

동양철학은 응용적 요소 없이는 완전하지 못합니다. 우리는 여기서 흡수한 높은 수준의 지식을 실천에 옮겨야 합니다. 이러한 도덕적, 영적 원리들을 단지 이해하는 것만으로는 충분하지 못합니다.

이전 장들에서 우리의 머리와 가슴은 하늘로 뻗어나갔고, 우리의 발은 실제적 응용 속에 심어졌습니다. 이제 우주적 경작은 뿌리를 보다 깊이 내렸습니다.

이 장에서 크리슈나는 진정으로 영적 삶을 살기 위한 여러 가지 비밀들을 드러냅니다. 그 가운데엔 각성된 정신을 위한 실천적 모델(까르마 요가)과 지극히 중요한 희생의 법칙이 있습니다. 우리는 쾌락과 고통에 무관심함, 명상을 통해 우리의 생각을 고요히 함, 겸손, 불살생 등과 같은 요가행자의 덕성 함양의 중요성을 배웁니다.

우리는 또한 영적 통찰력을 발전시키고, 그리하여 우주에 대한 전체적 관점을 변형시키기를 배웁니다. 크리슈나는 인간의 단일성의 결여가 초래하는 무서운 결과와 더 높은 정신성(영성)에게로 가는 세 가지 주요 통로들을 밝혀줍니다. 우리는 끊임없이 다가가고 있는 죽음과 대면하게 되며, 우리 자신의 내적 진리를 무시하고 따르지 않는 것보다 더 커다란 해악이 없음을 배웁니다. 우리 모두는 신적인 삶을 사는가 아니면 퇴영적退嬰的 삶을 사는가 하는 기로에서 중대한 선택을 해야 합니다. '신의 도구가 되게 하소서.' 라고 크리슈나는 탄원합니다.

가르침은 다음과 같습니다.

깨어 있어라

❝ 쾌락에 대한 당신의 갈망을 극복하는 법을 배움으로써 시작하십시오. 모든 이기적 욕망들과 갈망 그리고 마음의 고통을 버리고자 하십시오. 참다운 자아, 즉 내면의 영 바깥에서는 아무것도 바라지 마십시오.

신과의 통합이라는 삶의 목표를 성취하려는 당신의 마

음을 계속 지키도록 노력하십시오. 영성의 깊은 평화와 고요함에 잠겨보십시오. 슬픔과 역경에 동요되지 않도록 점진적으로 성장하며, 행운이나 악운에 부딪쳤을 때 기뻐하거나 좌절하지 않도록 수련하십시오.

마음을 가장 오염시키는 세 가지 성향, 즉 탐욕과 두려움과 분노로부터 벗어나도록 부지런히 정진精進하십시오.

바깥으로 향하는 감관感官들을 길들이며, 세상의 매혹으로부터 감관들을 능숙하게 거둬드릴 수 있도록 주의력을 증대시키십시오. 마치 자신을 방호防護하기 위해 사지를 움츠리는 거북과 같이.

당신의 삶에서 욕망과 집착이 지속적으로 흐를지라도 차근차근히 보다 고요하고 동요되지 않도록 하십시오. 이것이 고뇌로부터 기쁨으로 이동하는 그리고 영성을 일깨우는 방법입니다."

이기심 없는 행동

66 우리를 슬프게 하고 부단히 변하는 이 세계에서 보다 효율적이고 보다 행복한 삶을 살기 위해 효과적인 영적 수행법인 까르마 요가에 대해 설명하려 합니다. 까르마 요가는 세속적 활동을 통해 신과 합일하는 수단입니다.

이기심 없는 행동을 당신의 길로 삼으십시오. 그러면 당신은 일상 활동을 충분히 하면서도 영적 삶을 살 수 있습니다. 당신의 일상적 활동이 어떤 보상을 기대하는 것이 아닐 때, 마음을 가라앉히고 그것을 아뜨만(영)으로 향하게 하기가 더 쉽습니다.

당신의 마음을 결과가 아니라 신에게 고정시키고 일(세속적 의무)을 하십시오. 이익이 되건 안 되건 일의 결과에 집착하거나 영향 받지 않도록 수련하십시오.

사랑하는 벗이여, 핵심적 문제는 욕망과 그로부터 생기는 내적 평온의 상실입니다. 행동에 대한 보상욕은 실패에 대한 걱정을 낳고, 그것은 당신을 현재로부터 상상 속의(보통은 두려운) 미래로 밀어넣습니다. 이것은 당신의 에너지를 빼앗아 가고, 당신을 비참하게 만들며, 무행동inaction으로 빠지게 합니다.

당신의 의무가 욕망으로 오염되지 않도록 꾸준히 수련

하십시오. 이것은 당신을 괴로움에서 벗어나게 하며, 효율성과 내적 평온을 증대시킵니다. 비이기적이고 욕망 없는 행동은 참으로 완성된 삶 그리고 만족스런 삶을 살아가는 비결입니다."

희생의 법칙

❝ 당신이 받은 것보다 더 많이 줌으로써 삶의 균형을 잡으십시오. 주지 않고 받기만 하는 것은 도둑질입니다. 자연의 법칙은 움켜쥐는 것이 아니라 사랑 베풀기, 비이기적인 봉사―이것이 곧 희생$_{sacrifice}$[24]―를 중심으로 삼고 있습니다.

영성에 있어서 희생이란 자기 학대나 남용과는 아무런 상관이 없습니다. 그것은 바침·예배드림·도움을 줌·인류의 복지에 헌신함을 뜻합니다.

이것이 자연의 보편적 법칙입니다. 희생은 나눔입니다. 그것이 모든 창조물에 침투해 있는 시여施輿의 정신입니다.[25]

당신의 모든 행동과 그로부터 오는 모든 결과를 신에게 바침으로써 점진적으로 그것(행동)들을 희생 제의祭儀로 만드십시오. 만일 당신이 삶 전체를 우주적 신에 대한

---

24 | 'sacrifice'(희생, 제물)로 영역된 범어 야갸(yajna)는 신들에 대한 제사 행위를 뜻하며, 제사란 나의 소유를 신들에게 바치는 의식이다. 베다의 종교는 바라문 계급에 의해 관장되는 제의(ritual)를 중심으로 이루어졌다. 형식화되고 특권화, 권위주의화된 제행의 의미를 '기타'는 신에게 자신의 일, 즉 의무적 행위를 보상에 대한 이기적 욕망 없이 바치는 것이라고 새롭게 해석하고 있으며, 그러한 행위는 단지 현세의 행복이나 내세에 하늘나라에 재생하는 것이 아니라 윤회의 고통에서 영구히 벗어나서 궁극적 실재와의 통합, 즉 해탈을 성취하는 길인 까르마 요가라고 가르친다.

25 | 이러한 희생의 가르침은, 불교에선 6바라밀의 처음에 오는 보시 바라밀로서, 기독교에선 예수의 십자가라는 상징으로 나타나고 있다.

봉사로 돌린다면 당신의 모든 삶은 희생 제의로 바뀔 수 있습니다. 이런 태도로 당신의 일을 할 때, 당신은 어떤 까르마(업보業報(금생과 전생에서 좋거나 나쁜 모든 행위의 결과를 가리킴))도 낳지 않으며, 우주는 고양되고 숭고하게 됩니다.

당신의 일상생활 속에서 이 경이로운 법칙에 대해 더욱 자각하십시오. 음식을 먹는 것조차 희생 제의의 정신으로 수련하십시오. 왜냐하면 이것이 당신을 맛과 향락에 대한 집착으로부터 해방시키기 때문입니다. 단지 쾌락을 위해 먹는 것은 죄라고 현자들은 말합니다. 또한 신을 실현한다는 삶의 참된 목표로부터 당신을 빗나가게 하기 때문입니다.

모든 생명이 이 희생의 법칙에 달려 있습니다. 그것을 등지고 타인의 요구를 무시하는 것은 헛되이 사는 것이고 당신의 삶을 낭비하는 것입니다.

이 법칙이 당신에게 멀리 떨어진 듯 보일지 모르나 당신이나 다른 누군가가 행한 모든 비이기적 행위는 다른 모든 이들의 삶에 나쁜 영향을 끼칩니다."

쾌락과 고통에서 벗어나라

❝ 태어나자마자 당신은 당신을 둘러싼 세계가 '실재'라고 믿도록 이끌려 왔고, 당신은 신과 하나임을 망각하고 수많은 무의식적인 습관으로 살아가고 있습니다.

당신은 고통을 피하고 쾌락만을 추구할 수 있다고 믿기 시작했습니다. 비록 이러한 믿음이 이해는 될지라도, 전혀 그리고 절대로 달성될 수 없는 꿈입니다. 이 그릇된 꿈이 오늘까지 당신의 삶을 지배하고 있습니다.

이 꿈에서 깨어나십시오. 이 조건화된 마음 상태를 자각하고, 보다 더 많은 영적 각성을 발전시킴으로써 그로부터 벗어나고자 노력하십시오. 쾌락과 고통은 함께 간다는 것을, 그리고 당신이 쾌락을 부르면 초대받지 않은 고통도 반드시 찾아온다는 것을 확실히 인식하십시오. 세속적 감정과 감각에 영향 받지 않는 평온한 사람이 되십시오. 쾌락과 고통이라는 대립적 생각으로부터 자신을 점진적으로 해방시키는 연습을 하십시오. 그리하여 자연적 세계[26]의 어느 것에도 매료되거나 혐오하지도 마십시오.

이것은 지금의 당신에게 도달 불가능한 것으로 보일지

---

[26] 원질(쁘라끄르띠)로부터 전변(轉變)된 현상계. 이 가운데에는 심신 복합체인 인간도 포함된다.

모르나, 당신은 점진적으로 얻음과 잃어버림 모두에 무관심하도록 수련할 수 있습니다. 당신은 기뻐하지도 슬퍼하지도 않으며, 고통과 쾌락, 승리와 패배 모두에 동등하게 반응하도록 학습할 수 있습니다. 시간이 지남에 따라 당신은 행운에 들뜨거나 불운에 좌절되지 않도록 자신을 재학습시킬 수 있습니다. 이런 수련을 하는 것은 당신의 삶에서 괴로움을 제거하는 위대하면서도 달성 가능한 비결이기 때문입니다.[27]

바로 당신의 영(정신)이며 참다운 자아인 아뜨만 안에 고요히 머무는 기술을 발전시키는 것으로 시작하십시오. 이것의 성취는 분명 당신을 영적 성장과 지속적 행복으로 인도할 것입니다."

---

[27] 추위와 더위, 쾌락과 고통, 칭찬과 비난, 명예와 치욕 중 어떠한 바람이 몰아칠지라도 싫어하거나 좋아하는 등의 어떠한 동요도 없는 마음을 유지할 것을 가르치고 있다. 이것을 평등심이라고 부른다.

명상

❝ '명상'이라고 부르는 내적 수련은, 드높으면서도 필요한 목적들을 성취하는 과정입니다. 이것은 아뜨만에 침잠(沈潛)하며, 마음·신체 그리고 감관을 통제하는 방법입니다. 이것은 욕망과 기대·세속적 소유·상처 그리고 고뇌로부터의 자유를 얻도록 당신을 돕는 길입니다.

명상의 기본적 사상은 생각과 감각을 가라앉히기 위한 수행하기, 마음을 본래의 깊은 평온상태로 되돌리기, 각성된 의식 속으로 다시 들어오도록 신을 초대하기로 이루어져 있습니다.

명상하는 동안 당신의 몸을 고요히 유지하도록 하십시오. 눈은 당신의 코끝을 응시하거나 감음으로써 바깥으로 배회하지 못하도록 하며, 두 눈썹 사이의 영적 의식의 중심에 집중하십시오. 생각을 신에게 고정시키고 완전한 고요 속에 머물도록 학습하십시오. 오랜 집중 후에 당신의 마음은 방황을 그치게 됩니다.

명상은 슬픔을 완화시키고, 심적 고통을 제거하는 힘을 갖고 있습니다. 경험과 더불어 당신은 메드하나디

---

28 | '나디(nadi)란 '나다' 라고 부르는 심적 에너지가 흐르는 신체 내의 관(튜브 혹은 채널)으로서 이에는 여러 가지가 있다. '메드하' 란 지성 혹은 지혜를 뜻하며, '메드하나디' 는 지혜 혹은 지적 통찰력을 담당하는 나디이다.

$_{medhanadi}$**28**라고 부르는 직관적 통찰력을 발달시키게 되며, 그것은 풀기 어려운 삶의 문제들을 더 이상 큰 문제로 부풀리지 않습니다. 그렇게 되면 삶은 평탄해지고, 괴로움은 해소됩니다."

생과 사의 순환

❝당신은 물질계의 일부이므로 반복되는 태어남生과 죽음死의 순환(윤회)에 얽혀들기 마련이며, 그것은 무엇보다 고통스러운 운명입니다.

사람은 자신에게 합당한 것을 얻습니다. 천국과 지옥의 개념을 넘어서 나아가지 못하는 사람들은 죽음과 삶에

스스로를 속박시킵니다. 지고의 목표는 생과 사를 넘어선 상태에 들어가는 것입니다.²⁹

당신과 다른 모든 사람들 가운데서 지고의 신을 직접 체험하게 될 때, 당신은 다시 태어나기(윤회)를 그치게 될 것입니다. 그 때에 당신은, 우주적 영이 자연계의 어떤 것도 넘어선 것임을 진정으로 알게 될 것입니다. 이 굉장한 지식의 불꽃은 당신의 까르마를 태워버릴 것이며, 당신 속에는 더 이상 또 다른 출생을 만드는 동력이 없게 될 것입니다. 고통은 먼 옛날의 기억에 지나지 않을 것입니다."

---

29 | 고통만 있는 세계가 지옥이라면 즐거움만 있는 곳은 천국으로 상징되는 세계이다. 불교에 따르면 그 사이에 인간의 세계, 축생의 세계, 아귀 세계, 아수라 세계가 있으며, 스스로 지은 업의 과보에 합당한 영역에 재생하는 것이 윤회이다. 인간의 궁극적 목표는 천국을 포함하여 덧없고 생사를 반복하는 윤회의 세계를 벗어나는 것, 즉 해탈(목샤)이다. 이 경지를 기독교에선 하나님 왕국의 실현, 구원, 영생의 획득 등으로 부른다.

덕을 수양하라

“물리적 자연은 세계이며, 정신은 순수의식입니다. 세상적인 것과 영적인 것을 구별하는 능력이 당신의 전진에 있어 열쇠입니다. 이 능력은 단지 지적 인식을 통해서 오는 것이 아닙니다. 이것은 특정한 덕들과 견해들을 착실히 닦음으로써 찾아옵니다. 이 덕들은 다음과 같습니다.

- 겸손하고 악의 없음

- 부드러움과 당신이 받은 어떤 상처든 용서함

- 올곧음과 생각·말·행동이 조화됨

- 마음의 맑음. 청정함은 영적 성장에 불가결하다.

- 세속적인 것에 의한 심적 오염의 범람을 피하고 점차적으로 사회생활과 세속적 동요에 등을 돌리는 수련

- 자신을 신심身心 복합체로서가 아니라 아뜨만眞我으로 보기

- 참다운 나란 아뜨만, 즉 세속적인 것 너머의 영원한 실재임을 알기

- 훌륭함이란 내면의 신으로부터만 나온다는 것을 가슴으로 알기

- 아무 것에도 그리고 누구에게도 노예가 되지 않기 ”

지혜의 눈

"사고와 마음 그리고 지성의 단계 너머로 오를 수 없는 사람은 아뜨만, 곧 내면의 참다운 자아를 깨달을 능력을 갖지 못합니다. 감관은 마음의 수준에 한정되어 있으므로 아뜨만을 보거나 이해할 수 없습니다. 아뜨만은 마음 위에 있는 것이기 때문입니다.

그러나 통찰력을 가진 사람은 감관의 영역에 머물러 있기보다 지혜의 눈, 즉 직관의 기능을 배양하였기 때문에 참다운 나인 아뜨만을 보고자 수행합니다.

세속적 집착에 눈을 감아버리고, 영적 통찰력의 전제조건인 성스러운 무욕의 태도를 점진적으로 배양합니다. 일상적 보기, 즉 지각이 직관으로 대치되면서 우주에 대한 전체적 관점에 변형이 일어납니다.

당신은 모든 세속성을 넘어서 바라보는 법을 수련해야 하며, 해탈이라는 지고의 목표를 구해야 합니다. 또렷한 시력(지혜의 눈)을 가진 소수의 귀한 자들 중 한 사람이 되어 지고자의 빛으로 들어가고자 정진하십시오.

이 빛은 태양 · 달 · 별 · 번갯불 혹은 지상의 불, 그 모든 빛보다 더 밝게 빛납니다. 당신이 스스로 빛나는 신의 영역에 있을 때 다른 어떤 빛도 빛날 수 없습니다."

분리의 망상

" 진실을 보는 자는 모든 사람 그리고 모든 것 안에서 신을 지각하며, 모든 사람, 모든 것과 하나가 됨을 배웁니다. 그리하여 그들은 어느 누구에게도 해를 끼치지 않습니다.

이 우주적 단일성을 지각하지 못하는 사람들은 사람을 친구와 적으로 나눔으로써 타인들로부터 자신을 분리시킵니다. 이들은 해를 끼치는 자들입니다.

이 점을 가슴에 깊이 새겨두십시오. 인간에 의해 인간에게 자행되는 모든 사악을 야기시키는 것은 이 분리의 망상입니다. 아뜨만과의 진정한 단일성을 아는 사람이 어떻게 타인에게도 있는 동일한 아뜨만을 해칠 수 있겠습니까?"

세 갈래의 길

"당신을 끌어내리는 고통에서 벗어나는 길은, 내가 처방한 세 갈래의 길(요가)을 지속적으로 그리고 단호하게 수행함으로써 당신의 삶을 영적으로 변형시키는 것입니다.

- 모든 때에, 그리고 당신이 하는 모든 일에 있어서 점점 더 철저하게 신에게 헌신하십시오. 이것이 봉헌의 길, 즉 박띠 요가입니다.

- 다른 모든 사람들에게 지속적으로 봉사하기를 배움으로써 모든 인간 안에 있는 신에 대한 충심으로 봉사하는 것, 이것이 비이기적 행동의 길, 즉 까르마 요가입니다.

- 같은 신이 아뜨만, 즉 정신(혹은 영)으로서 당신과 다른 사람들 가운데 머물고 있다는 것을 완전히 그리고 지속적으로 각성하십시오. 이것이 지식의 길, 즉 갸나 요가입니다."

어떻게 죽을 것인가

❝ 당신이 육체로부터 떠날 때 살아가면서 당신이 가졌던 모든 생각과 느낌들의 총합이 단일한 마음 상태, 즉 특별한 심적 구조로 압축됩니다.

삶에서 당신이 마음에 새겨 두었던 것이 무엇이더라도 죽음의 순간에 불가피하게 당신의 의식이 될 것이며, 그러한 의식 영역으로 당신은 가게 됩니다. 얼마의 시간이 지난 뒤에 같은 심적 구조가 세상으로 돌아오게 됩니다. 이것을 당신의 내생來生이라 부릅니다.

당신의 나머지 삶을 통해 임종의 순간을 준비하십시오. 좋은 내생을 열망하지 말고 좋은 죽음을 목적으로 삼으십시오. 죽음의 순간에 당신의 생각이 당신의 다음 생이 형성되는 토대입니다.

내 사랑하는 벗이여, 이것이 나의 모든 가르침의 핵심입니다. 나, 지고신과 융합하는 쉬운 길은 삶의 매 순간마다 끊임없이, 흔들림 없이, 줄기차게 나를 기억하는 것입니다. 이런 방법으로 당신은 당신의 종말을 변함없이 준비하게 됩니다. 우리의 다음 생은 실로 우리의 죽음이 어떻게 일어나는가에 달려 있습니다. 강물이 바다로 들어가듯이 당신의 개별적 의식은 우주적 의식으로 흘러갑니다."

행복

❝ 행복에 대한 모색이 삶에 추진력을 줍니다. 모든 생존들은 이 끝없는 사냥에 가담하지만 극소수만이 그것을 발견합니다.

지상의 쾌락들은 매력적으로 보이지만, 덧없는 것이고 궁극적으로는 고통스럽습니다. 참담함은 불가피하게,

그리고 어김없이 세속적 쾌락과 함께 옵니다. 지혜로운 사람은 이것을 압니다. 그들은 세속적 욕구 충족의 덧없는 본성을 깨닫고, 감관의 영역에서 행복을 찾지 않고자 수련합니다. 감각적 즐거움은 불행의 모태입니다.

자기 내면에서 기쁨과 평온함을 발견하는 사람들은 진실로 행복한 사람들입니다. 그들의 기쁨은 세속적 유혹의 힘에서 벗어난 정도에 정비례합니다.

순수한 동기를 가진 사람의 행복은 명상이 가져다주는 마음의 평정입니다. 그것은 자아실현과 더불어 찾아오는 감미로운 기쁨입니다. 이른바 행동에 내몰리는 사람의 행복은 단지 감관을 만족시킴으로부터 오는 일시적 쾌락일 뿐입니다.

당신이 감관을 통해 행복을 찾을 때 당신의 영적 지혜는 사라집니다. 만일 당신이 세속적 쾌락을 추구한다면 언제나 그것에 동반하는 고통을 초대하는 것과 같습니다.

그러나 탐욕과 분노를 통제하거나 초월하기는 법을 배울 때, 당신은 진정한 그리고 지속적인 행복의 열쇠를 발견할 것입니다.

영원한 행복의 달콤한 샘물은 내면의 참된 자아, 즉 아뜨만으로부터만 흘러나옵니다. 당신이 지금 겪고 있는 고통과 슬픔의 종식은 당신이 이것을 얼마나 잘 알고 있는가에 달려 있습니다."

퇴락으로부터
벗어나라

❝당신은 이전에 '어떤 종류의 삶을 살 것인가'라는 선택의 기로에 서 있었습니다. 여기에는 대립되는 두 개의 대안밖에 없습니다. 당신의 삶을 영화시켜 신에게로 향해 다가가는가, 아니면 망상·자만 그리고 오만함이라는 퇴락과 고통에 굴복하는가?

퇴락한 자들 – 질식할 때까지 기만으로 채워지고, 자신의 재물에 취한 – 은 이기주의, 무례함, 잔인함 그리고 아다르마$_{不義, adharma}$의 어두운 세력에게 자신을 충분히 바쳐왔습니다.

극단에 있어 – 이것은 오늘날 너무도 일반적인데 – 그들은 자신도 모르게 인류의 적이 되었습니다. 만일 그들의 무지한 자기탐닉을 그대로 둔다면, 그들은 경솔하게도 세계를 파괴할 것입니다.

생에서 생으로, 이 자각 없는 자들은 나에게 도달하거나 혹은 나를 향해 나가보지도 못하고 자기에게 걸맞은 낮은 단계의 중생으로 태어나게 됩니다. 그리하여 그들은 최악의 심연$_{深淵}$으로 가라앉습니다.

이 퇴락의 세 가지 주요 원인들은, 세 가지 지옥문을 가리키기도 하는 욕망·탐욕·분노입니다. 이들 중 어느 하나라도 당신을 눈멀게 하고 고통과 어둠에 속박시키기에 충분합니다. 그러므로 세 가지 모두를 버리기 위해 전력을 다하십시오.

마침내 이 으스스한 문들을 지나서 신에로 다가가는 사람들은 결국 지고의 목표인 나에게 도달합니다. 일단 퇴락으로 기운 사람들이 그 공격적 에너지를 나에게 돌리고 신의 길을 택하기로 결정하면 보다 빠르게 전진할 수 있습니다. 욕망으로 가득 찬 행동에 항상 동반하는 비참함만큼 한 사람이 자신의 길을 수정하도록 만드는 동인動因은 없습니다."

내적 진리를 따르라

❝ 사람은 자신의 내적 진리와 다르지 않습니다. 이전의 행동을 통해서 당신은 지금 당신을 구속하고 있는 성향들을 만들어 왔습니다. 그러나 까르마(행동들의 결과)의 법칙은 당신의 에고_小我, 혹은 假我_보다 더 강력합니다. 그리고 당신 자신의 내적 본성, 내면의 진리는 당신의 에고에도 불구하고 승리할 것입니다.

만일 당신이 당신의 에고 속에 갇혀 있다면, 당신은 계속 상실할 것이며, 멸망할 것입니다. 당신의 내적 진리, 당신의 다르마를 따르지 못하는 것보다 더 큰 불행은 없습니다.

에고에 사로잡힌 결정은 당신의 인성, 당신의 본성에 갈등을 만들어냅니다. 우리의 본성을 따르는 것이 우리의 까르마를 제거하는 유일한 길입니다.

당신의 본성을 억제하지 말고 그것을 점진적으로 개선해 나가도록 노력하십시오."

참다운 행위 주체

❝ 내가 당신에게 가르친 바를 성취하는 것이 당신이 추구하는 모든 것들의 절정이 될 것입니다. 이 지점에 도달해서야 당신은 세속적 행동들의 실행자와 행위의 주체가 되는 것 사이의 커다란 차이를 알게 될 것입니다. 이에 대해 설명하겠습니다.

당신이 행위 주체라는 생각을 버리십시오. 세속적 행동들을 실행하는 영적 인간이 되십시오. 그리고 당신의 모든 행동을 포함하여 모든 것을 신의 일로 보십시오.

모든 행동들이 신의 손 안에 있다는 확신을 가지십시오. 그리고 자신을 참다운 행위 주체인 신의 수단으로 여기십시오.

신의 뜻 안에서 당신의 삶이 가치 있습니다."

맺음말

"인간의 영적 발전을 지배하는 원리들에 대한 우리들의 즉흥적인 대화가 이제 끝났습니다.

나는 비밀 중의 비밀을 당신에게 가르쳤습니다. 나는 모든 불가사의한 것들 중 가장 불가사의한 것을 드러냈습니다. 이 성스러운 지식은 이제 당신의 것입니다.

당신은 나를 헐뜯는 자나 경청하지 않는 자들에게 이 성스러운 진리를 말해선 안 됩니다. 그 누구도 거룩한 지식을 다른 사람에게 억지로 주입하려 해선 안 됩니다.

이 지혜의 유일한 목적은 소멸될 자연세계로부터 소멸하지 않는 정신의 세계로, 참담한 비애로부터 영원한 희열로, 죽음으로부터 지고신 안에 있는 불사不死에로 인간을 인도하는 것입니다.

이에 대해 두려움 없이 그리고 충분하게 숙고하십시오. 이 가르침들에 대해 깊이 탐문한 후에 그대가 선택한 대로 행동하십시오."

오늘을 위한 인도의 지혜
바가바드 기타

초판 1쇄 발행 : 2007년 4월 26일

지은이	잭 홀리(Jack Hawley)
옮긴이	이지수
발행인	최규학

임프린트	채온365
발행처	도서출판 ITC
등록번호	제8-399호
등록일자	2003년 4월 15일

주소	서울시 은평구 역촌동 85-8 보원빌딩 3층
전화	02-352-9511(대표전화)
팩스	02-352-9520
이메일	chaeon365@itcpub.co.kr

기획 · 진행	장성두
본문 디자인	북아이
표지 디자인	Arowa & Arowana

인쇄 해외정판사 용지 태경지업사 제본 반도제책사

ISBN-10 : 89-90758-71-8
ISBN-13 : 978-89-90758-71-2

값 8,000원

※ 채온365 도서출판 ITC의 일반 단행본 부문 임프린트입니다.
※ 이 책은 도서출판 ITC가 저작권자와의 계약에 따라 발행한 것이므로 본사의 허락 없이는 어떠한 형태나 수단으로도 이 책의 내용을 이용하지 못합니다.
※ 잘못된 책은 구입하신 서점에서 바꾸어 드립니다.

www.itcpub.co.kr